DIE 500 *besten* SPAR TRICKS

Haushalt, Freizeit, Einkauf & Co.

Wichtiger Hinweis

Alle Angaben in diesem Buch wurden von Autoren und Verlag nach aktuellem Wissensstand sorgfältig erarbeitet und geprüft. Dennoch erfolgen alle Angaben ohne Gewähr. Die in diesem Buch enthaltenen Informationen sind weder völlig umfassend noch verbindlich. Autoren und Verlag haften nicht für eventuelle Nachteile oder Schäden, die aus den im Buch gemachten Angaben und Hinweisen resultieren.

Bildnachweis

stock.adobe.com: © AllNikArt, © Colorlife, © danielabarreto, © Dariia, © dinkoobraz, © Dpin, © drawlab19, © Ekaterina Chemakina, © Franzi draws, © Graficriver, © JMC, © kytalpa, © Marina Zlochin, © natashapankina, © notkoo2008, © Olga, © ONYXprj, © primiaou, © redchocolatte, © teploleta, © Vectorielle, © veekicl, © wins86, © Ксения Бакшаева

INHALT

HAUSHALT & WOHNEN

Ob beim Stromverbrauch, beim Heizen oder Wasserverbrauch – gerade im Haushalt kannst du mit einfachen Tricks ordentlich sparen!

HAUSHALT & WOHNEN

1 Wechsle zu einem Stromanbieter mit einem **günstigeren Stromtarif.** Neukunden erhalten zusätzlich häufig einen Bonus.

2 Kaufe Lampen mit einer hohen Energieeffizienzklasse, also **LED- ODER ENERGIESPAR-LAMPEN.** Halogenlampen sind dagegen wahre Stromfresser.

3 Mehrere **kleine Licht-quellen** können **in großen Räumen** Strom sparen helfen und eine angenehme Atmosphäre schaffen.

4 **Helle Wände** schlucken weniger Licht. Damit wirkt dein Wohnraum automatisch heller und du kannst länger auf das Ein-schalten deiner Lampen verzichten.

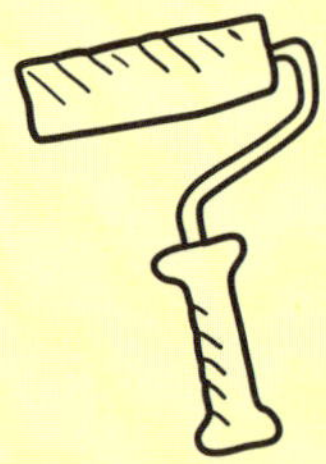

5 Schalte nur dort das Licht an, wo du es **wirklich benötigst.**

6 Im Normalfall gilt allgemein: Wenn du ein Zimmer verlässt – **LAMPEN AUS!** Mit dem Aus-schalten senkst du den Energieverbrauch.

7 Nutze das **TAGESLICHT** so lange wie möglich: Öffne also gegen Abend Vorhänge und Jalousien.

8 Lampen und Leuchten solltest du hin und wieder abstauben und reinigen, damit **KEIN LICHT VERLOREN GEHT.** Lampen vorher ausschalten und abkühlen lassen!

9 Stelle den **Flugmodus am Handy** ein, während du schläfst. Damit spart dein Akku einiges an Stromkosten ein.

10

VERMEIDE DEN STAND-BY-BETRIEB und schalte elektrische Geräte nach dem Gebrauch aus. Steckdosenleisten mit eingebautem Ausschalter erleichtern dir die Sache.

11 Nach jedem Ladevorgang ziehst du das **Ladegerät aus der Steckdose.** Sonst verbraucht es weiterhin Strom.

12 Bei der Neuanschaffung von Elektrogeräten immer **Energiesparmodelle** kaufen: Achte auf die auf dem Energielabel ausgewiesene **Energieeffizienzklasse.**

13

Muss das sein oder kann das weg? Prüfe, ob wirklich jedes **stromfressende Gerät** nötig ist – vom Tischstaubsauger bis zur elektrischen Zitruspresse.

14

Finde deine Stromfresser und tausche sie falls möglich aus: Gerade bei älteren Haushaltsgeräten lohnt es sich, den **Stromverbrauch zu messen.** Ein Strommessgerät kostet nicht viel. Du kannst es aber auch bei Stromanbietern oder Verbraucherzentralen ausleihen.

15 Hochwertige Qualität zahlt sich auf Dauer aus. Informiere dich vor dem Kauf immer über den **STROMVERBRAUCH** und die **LEBENSDAUER** des Haushaltsgeräts.

16

Kleinere Geräte haben einen geringeren Verbrauch! Achte daher beim **Kauf von Großgeräten** darauf, dass das Gerät deinem tatsächlichen **Bedarf** entspricht. Bei Waschmaschinen reicht meist ein Fassungsvermögen von 5–6 kg Wäsche; bei Kühlschränken werden für 1- oder 2-Personen-Haushalte 100-150 Liter Nutzinhalt empfohlen (+ 50 Liter für jede weitere Person).

17

Falls du häufig Batterien verwendest: **Steige auf aufladbare Akkus um.** Den Anschaffungspreis für Akkus und das Aufladegerät hast du bald wieder eingespart.

18

Weihnachtsbeleuchtung ohne schlechtes Gewissen und gut für den Geldbeutel: Greif zu **Solar-Lichterketten!**

19

Bei herkömmlichen Lichterketten gilt: Besser LEDs als Glühbirnchen. Und die Beleuchtung **in der Nacht ausschalten.**

20

Ein **Garten** sieht am Abend mit einer schönen **Beleuchtung** sehr stimmungsvoll aus. Nutze dafür keine herkömmlichen Lampen, sondern **Solarleuchten**, die einfach nur in die Erde gesteckt werden und sich am Tag mit Sonnenlicht aufladen.

21 Stelle deine **HEIZUNGSPUMPE** niedriger ein und schalte sie im Sommer ganz aus. Die **WARMWASSERTEMPERATUR** kannst du auch etwas senken.

22 Jedes Grad weniger **spart beim Heizen Geld:** Gewöhne dir an, deine Heizung um ein Grad niedriger einzustellen, und überlege, welche Räume generell nur wenig geheizt werden müssen.

23 Auch nachts kannst du die **HEIZUNG RUNTERDREHEN.** Unter 16 Grad sollte die Temperatur aber nicht fallen, sonst droht Feuchtigkeit an den Wänden und Schimmel.

24 Nutze **programmierbare Thermostate**, mit denen du für jeden Raum und jede Zeit die gewünschte Temperatur einstellen kannst.

25 Die optimale Einschlaftemperatur liegt bei um die 18 Grad. Falls du dein **SCHLAFZIMMER** bislang wärmer heizt, kannst du also sparen.

26 Falls du tagsüber nicht zu Hause bist, drehst du die Heizkörper besser **nicht komplett runter.** Die Wohnung später wieder komplett aufzuheizen, verbraucht deutlich mehr Energie.

27

Halte die **Türen von geheizten Räumen** möglichst immer geschlossen.

28

Lass **vor jedem Heizkörper** etwas Platz, damit sich die Wärme schneller und besser im Raum verteilen kann, und verdecke keinen Heizkörper mit Vorhängen.

29

Bringe **hinter den Heizkörpern eine Isolationsschicht** aus Dämmfolie an. Das verhindert, dass die Wärme über die Außenwände entweicht.

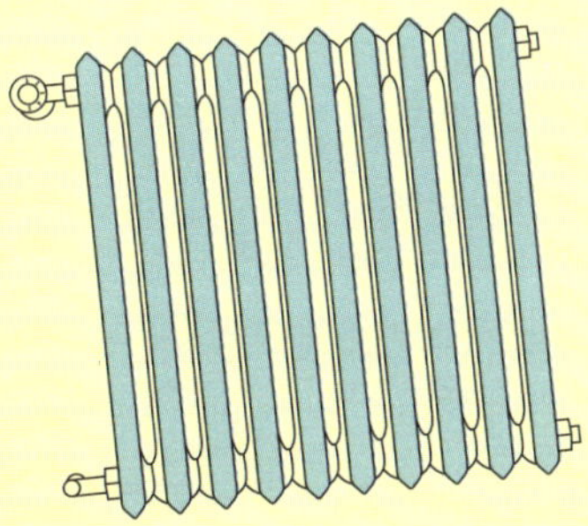

30

Alle Heizkörper **REGELMÄSSIG REINIGEN,** da sich ansonsten die Heizleistung verringert.

31

Wird die Heizung nicht mehr richtig warm oder gluckert, lässt sich das Problem in der Regel mit einem **ENTLÜFTERSCHLÜSSEL** schnell beheben.

32

Wenn du abends die **Vorhänge zuziehst** oder die **Rollläden schließt,** senkt das die Heizkosten deutlich.

33

HEIZLÜFTER UND RADIATOREN sind in der Regel für große Räume ungeeignet – mit ihnen drohen dir extrem hohe Stromkosten.

Eine **GUTE DÄMMUNG** lässt sich bei Fenstern leicht prüfen, indem du ein Papier zwischen Rahmen und Scheibe klemmst. Lässt es sich bei geschlossenem Fenster herausziehen, ist das Fenster nicht dicht genug. Auch bei Türen lässt sich meist nachträglich ein Dichtprofil anbringen.

34

35

Bei dauerhaft gekippten Fenstern heizt du dein Geld zum Fenster hinaus. Stattdessen besser **quer Stoßlüften:** bei abgedrehter Heizung alle Zimmer einige Minuten gemeinsam richtig durchlüften – am besten quer durch die Wohnung mit gegenüberliegenden Fenstern.

36

Man muss nicht unbedingt im T-Shirt durch die Wohnung laufen können. Ziehe **lieber einen Pullover** an, als den Heizkörperregler voll aufzudrehen.

Für Frostbeulen: Statt die Heizung auf volle Pulle zu stellen, kann ein **KÖRNERKISSEN** für **WOHLIGE WÄRME** sorgen. Einfach kurz nach Anweisung in der Mikrowelle oder im Backofen aufwärmen und auf den Körper legen.

37

38

Die **Raumtemperatur** lässt sich bei den meisten Heizkörpern über 5 Stufen regeln. Je nach eingestellter Stufe regelt das Thermostatventil die Temperatur automatisch (ca.-Angaben): Stufe 1 = 12 °C, Stufe 2 = 16 °C, Stufe 3 = 20 °C, Stufe 4 = 24 °C, Stufe 5 = 28 °C. Mit nur 1 Grad weniger kannst du deine Heizkosten um bis zu 6 Prozent senken!

39 Wenn du im eigenen Haus wohnst, solltest du einmal im Jahr einen Fachmann kommen lassen und die **Heizung warten** lassen. Bei nicht richtig eingestelltem Brenner steigt der Energieverbrauch um bis zu 5 %.

40

Zum Aufheizen eines Raumes solltest du **Thermostatventile** nie ganz aufdrehen, sondern auf die gewünschte Raumtemperatur einstellen. Das Thermostat öffnet die Leitung dann so lange, bis die gewünschte Temperatur erreicht ist.

WARME FÜSSE sind die halbe Miete: Mit Lammfellpuschen kannst du deine Füße wunderbar warm halten und das strahlt auf den ganzen Körper aus.

41

42

Wer genießt es gerade in der kalten Jahreszeit nicht, aus der Dusche zu steigen und sich in ein warmes Handtuch zu hüllen? Aber: Wenn du auf einen **HANDTUCHTROCKNER** verzichtest, sparst du eine Menge Geld.

43

Hast du Fliesen, Stein- oder Holzböden, die sich oft kalt anfühlen? Dann lege dort **Teppiche oder Läufer** aus! Dadurch nimmst du die Temperatur um bis zu 2 Grad wärmer wahr.

44

Verkürze deine **DUSCHZEIT** und drehe die **DUSCHTEMPERATUR** um ein paar Grad herunter. Beim Einseifen drehst du das Wasser natürlich ganz ab.

45

Dreh beim Duschen **zuerst das Heißwasser** auf, damit du dich schneller unter den Wasserstrahl stellen kannst. Erst dann am Kaltwasserregler drehen – aber wegen Verbrühungsgefahr auch nicht zu spät!

46

Sparsame Duschköpfe: Wassersparende Modelle verbrauchen gegenüber den üblichen Duschköpfen nur etwa die Hälfte – entsprechend muss auch weniger Wasser erhitzt werden.

47

Hast du einen **ELEKTRISCHEN DURCHLAUFERHITZER,** stellst du die Temperatur am Gerät so ein, dass beim Duschen kein kaltes Wasser mehr zugemischt werden muss. So wird nicht unnötig Wasser erhitzt.

48

Statte Wasserhähne mit einem leicht einzubauenden **STRAHLREGLER** aus: Diese Durchflussbegrenzer sorgen per Luftzufuhr für einen gleichmäßigen und fülligen Strahl, sodass weniger Wasser fließt.

49

Mit einem **Einhandhebelmischer** kann die Temperatur schneller geregelt werden. In der Mittelstellung sollte noch kaltes Wasser fließen. Ansonsten den Hebel immer nach rechts auf kalt stellen.

50

Falls dein Klo eine **Wasserspartaste** hat, dann benutze sie auch. Gehört dein WC noch zu den älteren Modellen, lässt sich eine Spartaste auch problemlos nachträglich einbauen.

51

Wasche die **Hände mit kaltem Wasser** und lass das Wasser beim **Zähneputzen** nicht laufen. Ein Zahnputzbecher hilft!

52

Dein Spülkasten hat **keine Wasserspartaste**? Dann leg einfach einen Ziegelstein oder eine gefüllte Wasserflasche in den Spülkasten. Das **reduziert das Fassungsvermögen** des Kastens und somit die Menge, die durchs Spülen in den Abfluss fließt – das können sonst bei einem Toilettengang nämlich zwölf oder mehr Liter sein.

53 Es muss nicht immer ein Vollbad sein, eine **DUSCHE** tut's auch, und du sparst damit jedes Mal etliche Liter Wasser.

54 Wann immer möglich **DUSCHST DU AUSWÄRTS** im Fitnessstudio, Sportklub oder Schwimmbad.

55 Ein **tropfender Wasserhahn** ist ein wahrer Wasser-Großverbraucher. Das kann sich im Jahr auf 800 Liter summieren. Lass einen undichten Wasserhahn daher so schnell wie möglich reparieren.

56 In einem Warmwasserspeicher wird das Wasser auf eine voreingestellte Temperatur erhitzt und warmgehalten, auch wenn der Warmwasserhahn den ganzen Tag stillsteht – pure Energieverschwendung! Baue eine **Zeitschaltuhr** ein, damit du warmes Wasser hast, wenn du es wirklich brauchst.

57 Wo selten Warmwasser benötigt wird, sollte der **Warmwasserspeicher** abgestellt werden, zum Beispiel im Gäste-WC, in der Garage oder im Haushaltsraum. Beim Händewaschen kommt es nicht auf die Wassertemperatur an.

58

Du bist Hausbesitzer oder Wohnungseigentümer und möchtest sowieso gerade dein Bad sanieren? Dann baue **elektronische Sensor-Armaturen** ein. Da fließt das Wasser wirklich nur, wenn es benötigt wird.

59

Manche Menschen duschen nicht nur einmal täglich, sondern mehrmals. Hand aufs Herz, **einmal reicht** wirklich aus, wenn du nicht total verschwitzt bist. Das schont außerdem den Schutzmantel deiner Haut!

60

Nimm beim Duschen eine wasserdichte **Stoppuhr** mit und versuche, in weniger als drei Minuten fertig zu sein. So vermeidest du, dass deine Gedanken abschweifen und du länger als nötig Wasser verbrauchst.

61

Ja, es ist echt schick, sich morgens unter die **XXL-Regendusche** zu stellen. Damit verschwinden aber auch locker mal 30 Liter Wasser pro Minute in der Kanalisation. Muss nicht sein!

62

Selbst ist die Frau oder der Mann: Viele **REPARATUREN UND RENOVIERUNGEN** in Wohnung und Haus lassen sich auch selbst erledigen.

63

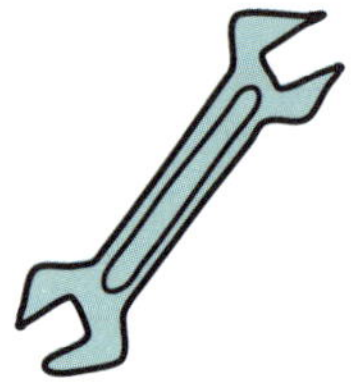

Und falls doch mal ein Handwerker kommen muss: Lass dir von verschiedenen Unternehmen ein Angebot machen, denn die Preise mit **ARBEITSZEIT UND FAHRTKOSTEN** können sehr unterschiedlich ausfallen.

64

Lass dir deine hochwertigen **Möbel neu aufarbeiten,** statt neue zu kaufen. Oder mache das fast gratis selbst.

65

Lässt sich deine **Miete senken?** Lass dich dazu vom Mieterverein beraten oder prüfe dies mit wenigen Klicks über Mieterschutz-Internetportale.

66

Die Miete sollte möglichst nicht mehr als ein Drittel deines Einkommens betragen. Suche ansonsten eine **günstigere Wohnung,** die deinen Ansprüchen genügt. Zahlreiche Onlineportale helfen dir dabei.

67

Besitzt du mehr Wohnraum als du benötigst? Dann **VERMIETE UNGENUTZTE ZIMMER** in deiner Wohnung oder deinem Haus an einen Untermieter oder kurzfristig über Onlineportale an Reisende.

68 **Babysitter** gesucht? Wir wär's mit einer ehrenamtlichen **Leihoma** oder einem **Leihopa** – Senioren, die sich Kontakt zu Kindern wünschen und sich, meist ehrenamtlich, um Kinder kümmern möchten. Eine Win-Win-Situation!

69 Du suchst eine **Krabbelgruppe** für dein Baby, sorgst dich aber um die Kosten? Dann organisiere doch selbst eine! Über Foren, Facebook-Gruppen oder auch die Gemeinde kannst du dich mit Mitstreitern zusammenfinden.

70 Bereite die **Babynahrung** selbst zu – im Internet findest du viele Rezepte. Das ist nicht nur günstiger, sondern auch gesünder.

71 **Stillen** ist nicht nur gesund für Mama und Baby, sondern spart auch jede Menge Geld.

72 Auch wenn die Werbung es anders vermittelt: Viele **Pflegeprodukte** für dein **Baby** kannst du dir sparen! Mit einer natürlichen Babypflege reduzierst du nicht nur Kosten, sondern meidest auch fragwürdige Inhaltsstoffe. Im Internet findest du viele Anregungen dazu!

73 Je früher du deinem Kind beibringst aufs Töpfchen zu gehen, desto mehr **Windeln** und Geld sparst du.

100
1

PUTZEN, WASCHEN & CO.

Saugen, schrubben, spülen, waschen oder bügeln – in diesem Kapitel zeigen wir dir, wie du beim Großreinemachen die Haushaltskasse schonen kannst.

74

Verwende **PUTZ-, SPÜL- UND WASCHMITTEL** äußerst **SPARSAM**.

75

Putze **weniger Schmutziges zuerst**, dann sparst du Wasser für den nächsten Arbeitsgang – also bspw. zuerst die Küchenschränke, dann den Fußboden.

76

Staub und Schmutz lassen sich in der Regel mit kaltem Wasser entfernen, denn die meisten Allzweckreiniger sind sogenannte **Kaltwasserreiniger**.

77

Wenn es beim Saugen mal zu einer Unterbrechung kommt, es an der Haustür oder das Telefon klingelt: **Staubsauger ausschalten**!

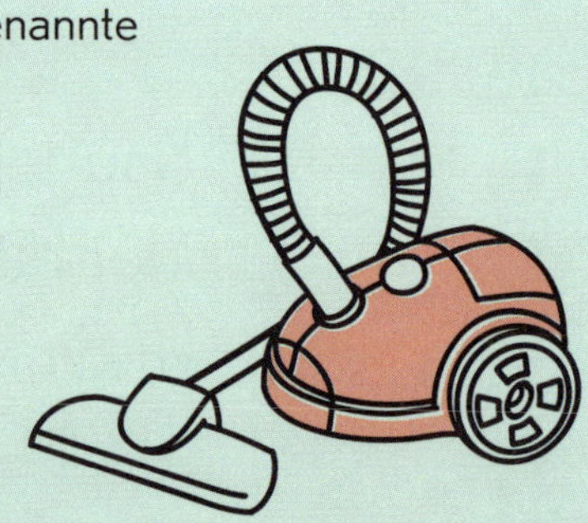

78

Die volle Saugkraft brauchst du nur bei Teppichen! Für Fliesen oder Parkett reicht es völlig aus, den Staubsauger auf eine **niedrige Stufe** einzustellen.

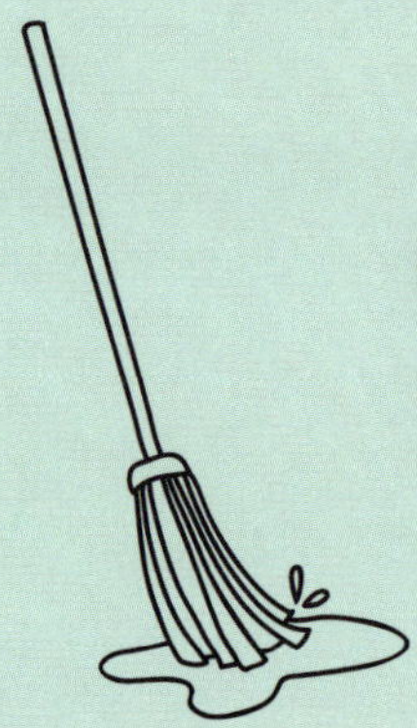

79

Wo immer es möglich ist: Greif zum **Besen oder Mopp** anstelle des stromfressenden Staubsaugers.

80 Räume schon vor dem Start Gegenstände, die das **Staubsaugen behindern** könnten, beiseite. So geht das Saugen schneller von der Hand, du sparst Zeit und Strom.

81 Wechsle Staubbeutel oder Staubbox spätestens, wenn die **Wechselanzeige** aufleuchtet. Je voller der Beutel oder die Box, desto schlechter saugt ein Staubsauger und der Motor muss unnötig viel leisten.

82 Dreh das Wasser nur bei Gebrauch auf und verwende einen **Putzeimer**. Tausche das Wasser nur aus, wenn es stark verschmutzt ist.

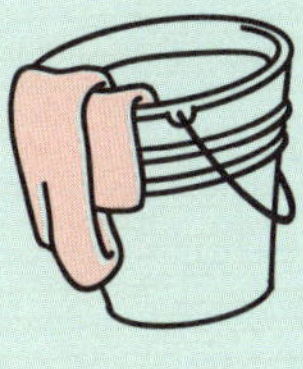

83 Wirf alte Nylonstrümpfe nicht in den Müll, denn sie sind besser als jeder **Staublappen**: Sie laden sich elektrisch auf und ziehen Staub so auf magische Weise an. Also zum Beispiel einfach über einen Schrubber ziehen und damit den Laminatboden wischen.

84 Alte Sonnencreme vom letzten Jahr bietet keinen UV-Schutz mehr für deine Haut. Trotzdem nicht wegwerfen! Sie lässt sich noch prima als **Möbelpolitur** verwenden.

85

Um **Polstermöbel** zu reinigen oder aufzufrischen, bürste sie am besten öfters mal mit Essigwasser ab. Das entfernt nicht nur viel Staub aus den Fasern, die Oberflächen sind anschließend auch viel weniger schmutzempfindlich.

86

Kleinere **Flecken an der Wand**? Kein Grund, gleich neu zu streichen! In vielen Drogeriemärkten bekommst du für wenig Geld einen sogenannten Schmutzradierer, mit dem du kleinere Flecken „abradieren" kannst.

87

Seifenreste lassen sich in einem **Seifensäckchen** bis zum letzten Stück aufschäumen und verwenden. Ein solches Säckchen kannst du für wenig Geld kaufen, aber auch ganz leicht selbst häkeln oder – noch einfacher – aus einem alten Frottee-Lappen upcyceln.

88

Viele Haushaltsprodukte wie **WASCHMITTEL, REINIGER ODER SHAMPOO** kannst du ganz einfach und kostengünstig mit Hausmitteln wie Natron, Essig, Zitronensäure, Soda und Schmierseife **SELBST HERSTELLEN.**

89

An deinen Armaturen haben sich fiese **Kalkverkrustungen** festgesetzt? Einfach ein in Essigessenz oder Zitronensäure getränktes Stück Küchenpapier um die Stellen wickeln und einwirken lassen.

90

Auch bei einem **verstopften Abfluss** brauchst du keine teuren Chemiekeulen, wenn du Essig und Soda als Reiniger hast. Einfach 4 Esslöffel Soda in den Abfluss geben, 100 ml weißen Essig daraufschütten und 2–3 Minuten warten. Dann mit heißem Wasser gut nachspülen – und der Abfluss ist ganz natürlich wieder frei!

91

Entkalke Kleingeräte wie Wasserkocher & Co. regelmäßig, denn **Kalkbeläge** beeinträchtigen die Wärmeübertragung und erhöhen so den Energieverbrauch. Dafür 2 Esslöffel Essigessenz mit einer Tasse Wasser in den Wasserkocher geben und aufkochen. Dann gut ausspülen, frisches Wasser kochen und weggießen.

92

Fiese **Fettablagerungen** in der Küche kannst du mit dem billigen Universalhausmittel Backpulver wirksam beseitigen. Streu einfach etwas Pulver auf einen angefeuchteten Schwamm und reinige damit die beschmierte Fläche. Anschließend alles mit klarem Wasser nachwischen.

93

Rücke eingebrannten **Verkrustungen im Backofen** statt mit Spezialreinigern besser mit dem günstigen Hausmittel Natron zu Leibe: Natron und Wasser zu gleichen Teilen zu einer Paste verrühren. Auf die Schmutzstellen auftragen, ein paar Stunden einwirken lassen, dann gut abschrubben und einmal mit klarem Wasser durchwischen.

94

Für einen preiswerten **Universalreiniger** kochst du 800 ml Wasser auf und löst 1 Esslöffel Waschsoda darin auf. 5 Minuten warten, dann 1 Teelöffel Zitronensäure zugeben und umrühren, dann 2 Esslöffel feste oder 4 Esslöffel flüssige Schmierseife einrühren. Mischung mit so viel Wasser aufgießen, dass insgesamt 1,5 Liter Reiniger entstehen, und in eine oder mehrere Sprühflaschen abfüllen.

95

Für einen günstigen **Glasreiniger** braucht es nur 2 Zutaten: 4 Esslöffel Essigessenz und ca. 0,5 Liter warmes Wasser in einer 500-ml-Sprühflasche mischen. Fertig!

96

Auch ein **WC-Reiniger** ist preiswert selbst gemacht: 2 Esslöffel Zitronensäure in 100 ml abgekochtes, abgekühltes Wasser einrühren, dann 10 ml Spülmittel zugeben und alles gründlich vermischen. 2 Esslöffel Speisestärke in 500 ml kaltes Wasser einrühren und aufkochen lassen, dabei stetig rühren, damit sich keine Klumpen bilden. Dann beide Flüssigkeiten miteinander vermischen und nach Belieben ätherisches Öl für frischen Duft zugeben. Nach dem Abkühlen in ein geeignetes Gefäß füllen, zum Beispiel eine leere WC-Flasche oder eine Spülmittelflasche.

97

Für **Scheuermilch** 2 Esslöffel Natron, etwas Zitronensaft und 2 Esslöffel Salz in eine 750-ml-Flasche geben und mit 750 ml flüssiger Schmierseife auffüllen. Schütteln. Fertig.

98

Auch ein natürliches **Scheuerpulver** kannst du flott und preiswert selber machen: einfach 50 g Natron mit 1 Esslöffel Zitronensäure und 1 Esslöffel Speisestärke mischen.

99

Und auch fürs Spülen brauchst du kein teures **Spülmittel**! Einfach 500 ml heißes Wasser mit 80 ml flüssiger Seife und 1 Esslöffel Waschsoda in eine leere Spülmittelflasche geben, schütteln und fertig.

100

Du spülst von Hand? Dann bloß nicht jedes Teil einzeln unter fließendem Wasser reinigen – damit verschwendest du Wasser, Energie und Spülmittel en masse. Füll stattdessen das Becken halbvoll mit heißem Wasser und gib ein, zwei Tropfen Spülmittel dazu.

101

Das **Spülmittel** ist schon fast verbraucht? Dann lohnt es sich, es einfach mit Wasser aufzufüllen. Selbst **verdünnt** lässt sich damit Geschirr noch sehr gut reinigen.

102

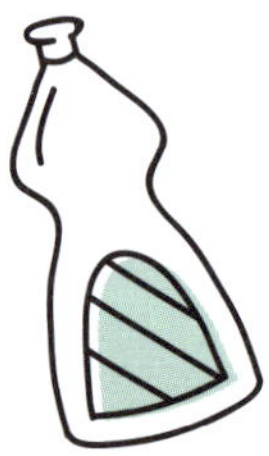

Wenn du Spülmittel aus der umgedrehten Flasche drückst, kommt oft viel mehr raus als gewünscht. Fülle das **Spülmittel** deswegen einfach in einen leeren **Seifenspender** um: Seine Pumpanwendung ermöglicht ein optimales Dosieren – und spart jede Menge Spülmittel.

103

Verzichte aufs Nachspülen unter fließendem Wasser, um Schaumreste einzeln abzuspülen. Stattdessen gereinigtes Geschirr in eine Schüssel mit kaltem klarem Wasser tauchen und an der Luft oder mit Geschirrtuch trocknen.

104

Schalte deine **Geschirrspülmaschine** nur an, wenn sie wirklich voll ist – das spart Strom und Wasser zugleich.

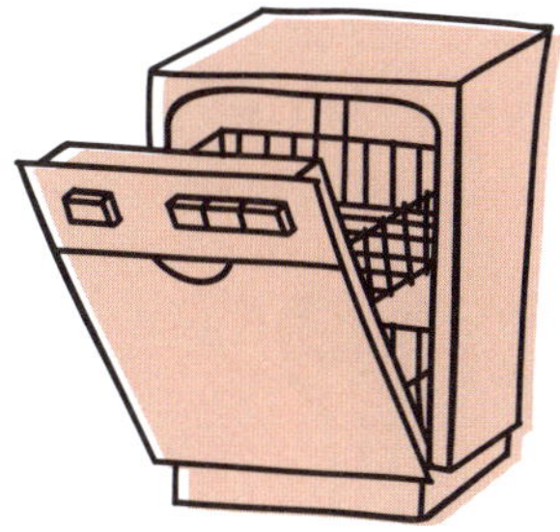

105

Vorspülen ist beim Geschirrspüler nicht notwendig! Entferne stattdessen gröbere Speisereste mit dem Messer und gib sie in den Restmüll. Eingebranntes vor dem Einräumen einweichen!

106

Benutze möglichst das **Eco-Programm** oder niedrige Temperaturen von 45 bis 55 °C beim Geschirrspüler. Zumindest einmal im Monat ist allerdings ein Durchgang bei mindestens 65 °C nötig, damit es nicht müffelt.

107

Nutze besser **keine Kurzprogramme**, denn die Maschine muss viel mehr Energie aufbringen, um in einem kürzeren Zeitraum dieselbe Leistung zu erbringen: Es braucht höhere Temperaturen, mehr Wasser und mehr Spülgänge.

108

Probiere mal aus, deine **GESCHIRRSPÜLTABS ZU HALBIEREN**, und verfolge die Ergebnisse. Falls du keinen Unterschied feststellst, kannst du mit diesem Trick die Hälfte der Kosten einsparen.

109

Mache deine **Waschmaschine** immer **richtig voll** und wähle **niedrigere Temperaturen.**

110

40 Grad reichen bei normal verschmutzter Wäsche: Waschen bei 60 Grad ist häufig gar nicht nötig und verbraucht doppelt so viel Energie wie bei 30 Grad.

111

Durch **ECO-PROGRAMME** läuft deine Waschmaschine zwar länger, verbraucht aber nur etwa die Hälfte an Energie.

112

VORWÄSCHE geht stark ins Geld und hilft nur bei starker Verschmutzung. Stattdessen greifst du also besser zu **FLECKEN-WASCHMITTEL ODER GALLSEIFE.**

113

Für **WENIG VERSCHMUTZTE** Wäsche oder bei **KALKARMEM WASSER** brauchst du weniger Waschmittel.

114

Dosiere dein Waschmittel nicht über – insbesondere bei besonders ergiebigen Produkten und **Konzentraten.** Mache dir besser eine Markierung an Dosierungskappe oder -becher.

115 Sortiere deine Wäsche vor: Trenne nach Weiß- und Farbwäsche, Wäschetemperatur, Verschmutzungsgrad etc. So wäscht **Gleiches mit Gleichem,** es entstehen weniger Verfärbungen und du hast länger Freude an deinen Kleidungsstücken.

116 Drehe deine Kleidungsstücke **immer auf links**, damit sie schonend gewaschen werden und weniger Farbe verlieren.

117 Wenn du eine halbe Tasse Essig ins Weichspülerfach gibst, wird die Wäsche auch **ohne Weichspüler** schön weich. Zudem sorgt Essig dafür, dass die Farben frisch bleiben und Wäsche und Trommel von Waschmittelresten befreit werden.

118

Waschpulver hat bei gleicher Dosierung im Vergleich zum Flüssigwaschmittel eine höhere Waschkraft. Und: Teure Waschmittel waschen auch nicht besser als gute günstige, zeigen Warentests.

119

Deine weißen Sportsocken sind zusammen mit der Buntwäsche in der Waschmaschine gelandet? Kein Problem! Lege die **verfärbte Weißwäsche** einfach in frische **Milch** ein, bis sie sauer wird. Danach ordentlich mit Wasser ausspülen – fertig!

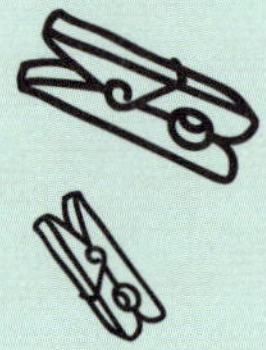

120

Verzichte auf den Wäschetrockner: Trockne deine Wäsche stattdessen auf dem Wäscheständer oder auf der Leine. Falls du doch einen Trockner nutzt, stellst du die **Schleuderzahl** bei deiner Waschmaschine so hoch wie möglich ein.

121

Wäsche wird im Trockner **schneller trocken**, wenn du zu den nassen Sachen ein trockenes Handtuch in die Trommel gibst, das die entstehenden Wassertröpfchen aufnimmt.

122

Den **Trockner** nur so lange laufen lassen wie nötig! Für **Bügelwäsche** reicht die Einstellung „bügelfeucht", den Rest macht das Bügeleisen. Andere Wäsche sollte, wenn du sie nicht gleich tragen willst, auf „schranktrocken" gestellt werden.

123

Beim **Bügeln** wird **viel Strom** verbraucht. Frage dich deswegen, ob wirklich jedes Teil gebügelt werden muss oder ob es nicht reicht, ein Kleidungsstück glattzustreichen und ordentlich aufzuhängen.

124

Bügle Kleidungsstücke nicht einzeln, wenn du sie gerade tragen möchtest, sondern die **gesamte Wäsche auf einmal**. So muss das Bügeleisen nur einmal erhitzt werden.

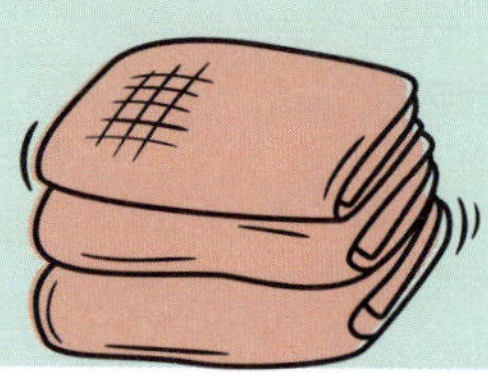

125

Ein regelmäßig **entkalktes Bügeleisen** verringert nicht nur deutlich den Energieverbrauch, sondern hinterlässt auch keine lästigen weißen Flecken auf der frischen Wäsche.

126

Lege Taschentücher oder Textilien aus dünnen Stoffen einfach übereinander Und bügele so **mehrere Wäschestücke** zugleich.

127

Sortiere deine Wäsche vor und beginne mit Stoffen, die bei einer niedrigen Temperatur gebügelt werden müssen. Steigere dann die Temperatur. So kannst du ohne lange Aufwärmzeit gleich loslegen.

128

Viel Zeit und Energie sparst du auch mit einem **wärmereflektierenden Bügelbrettbezug**. Damit werden die Wäschestücke quasi von unten mitgebügelt. Einen solchen Bezug kannst du auch einfach selbst herstellen: Bespanne dein Bügelbrett mit Alufolie und lege ein Tuch darüber. Die Alufolie reflektiert die Hitze des Bügeleisens.

129

Schalte das Bügeleisen schon etwas eher aus und glätte temperaturempfindliche Wäsche mit der **Restwärme**.

KÜCHE

Beim Kochen, Backen und Kühlen
lässt sich reichlich Energie sparen –
in diesem Kapitel siehst du,
wie einfach das geht!

130 Koche nicht mit mehr **WASSER ALS NÖTIG.**

131

Nutze immer die jeweils **PASSENDE KOCHPLATTE.** Eine zu große Platte verbraucht ansonsten unnötige Energie.

132

Backe, **ohne vorzuheizen.** Schalte den Backofen also erst an, wenn Auflauf, Pizza oder Kuchen hineinkommen.

133 Mit der **Restwärme weiterkochen:** Viele Gerichte gelingen auch, wenn du schon früher abdrehst. Und normale Herdplatten und Backöfen strahlen noch viele Minuten weiter Wärme ab.

134

Bei einem gewöhnlichen E-Herd geht mehr Wärme verloren als bei einer Induktionsplatte. **Induktionskochfelder** helfen also dabei, die Energiekosten zu senken.

135 Wer beim Kochen konsequent einen **Topfdeckel** nutzt, kann im Jahr viele Euro Strom- oder Gaskosten sparen.

136

Normale Portionsgrößen erhitzt du mit der **MIKROWELLE.** Das spart gegenüber dem Herd Stromkosten.

137 Mit dem **Wasserkocher** lässt sich Wasser deutlich günstiger erhitzen als auf dem Herd. Allerdings gilt das nur für kleinere Mengen von Wasser.

138 Erhitze im **Wasserkocher** immer nur so viel Wasser, wie du wirklich benötigst.

139 Solltest du doch mal zu viel Wasser im **Wasserkocher** erhitzt haben, nutz es einfach zum **Spülen**!

140 Achte darauf, dass du passendes Kochgeschirr verwendest. Wenn du nämlich eine kleine Menge in einem großen Topf kochst, kühlt der große Topf den Herd erst mal regelrecht ab. Außerdem sollte der Durchmesser des Topfes immer möglichst genau auf die Herdplatte passen.

141 Wenn dein Rezept dir beim Backen oder Braten im Ofen die Wahl zwischen **Umluft** oder Unter- und Oberhitze lässt, solltest du dich auf jeden Fall für die erste Variante entscheiden. Das spart nämlich 20–40 Prozent Stromkosten, weil die erforderliche Temperatur in der Regel um 20 °C niedriger ist und schneller erreicht wird. Außerdem kannst du mehrere Bleche gleichzeitig in den Ofen schieben – besonders praktisch bei der Weihnachtsbäckerei.

142 Klar, es ist verführerisch, ab und zu die **Backofentür** aufzumachen und den tollen Sonntagsbraten zu bewundern. Ist energetisch betrachtet aber ein ziemliches Desaster, denn mit jedem Öffnen der Tür gehen an die 30 Prozent Wärme verloren.

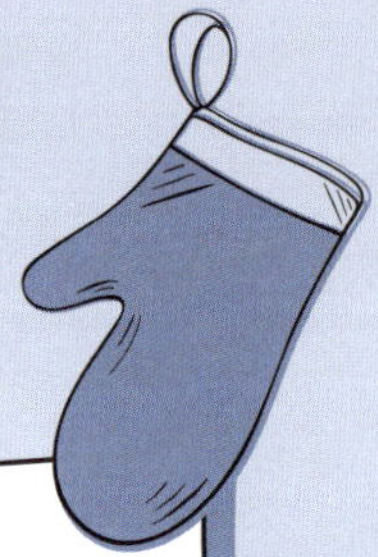

143 Du bereitest eine Pizza, Blechgemüse oder einen Auflauf im Ofen zu und hast vor, nicht viel später einen Kuchen oder ein Brot zu backen? Dann nutze den Ofen doch gleich **nahtlos hintereinander**. So musst du ihn nicht zweimal aufheizen.

144 Ein Topf ist kein Schwimmbad: Für das Garen von Gemüse und Kartoffeln reicht es, wenn du ein **paar Zentimeter Wasser** im Topf hast.

145 Du hast einen **Schnellkochtopf**? Prima! Mit dem Dampfdrucktopf kannst du nämlich bis zu 50 Prozent Energie und dazu jede Menge Zeit sparen.

146 **Kochen im Bett!** Dieser „Hack" klappt am besten mit Reis – und spart rund 30 Prozent Strom im Vergleich zum normalen Kochen. Reis mit der passenden Menge Wasser aufkochen, Deckel drauf und unter die Bettdecke damit. Nach gut einer Stunde ist der Reis fertig. Während der Garzeit nie den Deckel öffnen, dann ist die Wärme futsch.

147 **1 x kochen, 2 x essen!** Wenn du für ein Gericht Kartoffeln, Nudeln oder Reis kochst, koch doch gleich die doppelte Menge. Stelle die zweite Menge in den Kühlschrank und verwende sie innerhalb der nächsten Tage für ein anderes Gericht (z. B. Auflauf, Pfannengericht, Bratkartoffeln, Nudelsalat ...).

148

WIRF KEIN ESSEN WEG – koche dir am nächsten Tag einfach ein paar frische Dinge dazu.

149

KOCHE DIR GRÖSSERE MENGEN vor und **FRIERE RESTE EIN.** Damit sparst du allerlei Kosten und auch die Zeit, dir jeden Tag ein komplett neues Essen zuzubereiten.

150 Nimm dein **Essen mit zur Arbeit** und mache es dort warm, anstatt jedes Mal etwas im Supermarkt zu kaufen oder Essen zu gehen.

151

Verhältnismäßig günstig kannst du in großen **Betriebskantinen** essen. Auch Amtskantinen sind oft für Dritte zugänglich.

152

Einen eigenen kleinen **Kräutergarten** kannst du auch auf einer sonnigen **Fensterbank** anlegen, er sieht schön aus, liefert die aromatischen Zutaten für deine Gerichte gleich ganz frisch, und du sparst bares Geld, wenn du nicht jedes Mal Kräuter im Supermarkt kaufst.

153 Was tun mit der überzähligen Ernte (Tipp 152)? Salbei, Rosmarin, Thymian und Co. lassen sich prima **in Öl einfrieren**: Gewaschene Kräuter zu zwei Dritteln in die Kammern einer Eiswürfelform füllen, mit einem Drittel Oliven- oder Rapsöl auffüllen, einfrieren und bei Bedarf entnehmen.

154

Häufig brauchst du nur einen **Spritzer Zitronensaft:** Dann einfach mit einem **Zahnstocher** in die Frucht stechen und ein wenig Saft rausdrücken – so bleibt die Zitrone länger frisch, als wenn du sie aufschneidest!

155 Wenn du ungeöffnete Quark-Packungen auf den Kopf stellst, bleibt der **Quark** deutlich länger frisch.

156

Du kochst gerne? Deine Freunde auch? Prima! Dann trefft euch zum gemeinsamen Essen-Vorkochen! **Meal Prep** spart jede Menge Geld und Zeit und macht gerade in geselliger Runde sehr viel Spaß!

157 Fruchtsäfte und Nektare sind gesund und lecker, aber auch teuer. Vermischst du sie mit Wasser zu einer schmackhaften **Schorle**, hast du viel mehr vom Saft. Und gesünder ist das auch noch!

158

Der **Sekt** ist schal geworden? Gib einfach eine **Rosine** in die Sektflasche. Durch den Zuckergehalt wird erneut Kohlensäure erzeugt, der Sekt prickelt wieder, der Geschmack aber bleibt unverändert.

159

Verzichte auf **KAFFEEKAPSELN UND -PADS:** Deren Kosten belaufen sich umgerechnet auf ein Kilo Kaffee auf das Mehrfache!

160

Verwende am besten eine **FRENCH PRESS (KAFFEEPRESSE)** zur günstigen Kaffeezubereitung: Dann benötigst du nur heißes Wasser und Kaffeepulver.

161

Backe dir deinen Kuchen – zum Beispiel aus saisonalen Früchten – selbst. Das ist viel günstiger als ihn im Geschäft zu kaufen oder gar ein Café zu besuchen.

162

Backe dir dein **eigenes Brot.** Zutaten wie Mehl, Hefe oder Salz sind günstig und selbst gemacht schmeckt es auch viel besser.

163

So wird **trockenes Brot wieder frisch**: Wickle es in ein feuchtes Tuch und leg es einen Tag in den Kühlschrank. Entferne danach das Tuch und backe das Brot einige Minuten im Ofen auf.

164

Viele Lebensmittel landen aufgrund eines abgelaufenen **Mindesthaltbarkeitsdatums** ungeöffnet im Müll. Dabei ist das Mindesthaltbarkeitsdatum kein Verfallsdatum (außer bei leicht verderblichen Waren wie Hackfleisch, Fisch etc.). Überprüfe am besten mit dem Augen-Nase-Mund-Check, ob ein Lebensmittel noch genießbar ist: Einfach öffnen und prüfen, ob es noch aussieht, riecht und schmeckt wie immer.

165

Sobald **Obst** auch nur eine winzige Delle hat, will's oft keiner mehr essen, und man kann es wegschmeißen. Damit ist jetzt Schluss! Obst mit Matschtendenzen wandert ab sofort in den Standmixer und wird mit Milch oder Joghurt zu leckeren **Smoothies** und **Shakes** verarbeitet.

166

Achte darauf, **Obst** immer **ungewaschen** im Obstkorb zu drapieren – gewaschen wird es nämlich viel schneller schlecht.

167

No food waste! Wenn du Lebensmittel übrig hast, findest du zum Beispiel auf der Website www.zugutfuerdietonne.de des Bundesministeriums für Ernährung und Landwirtschaft eine Rezeptdatenbank für „beste Reste": Gib dort einfach an, was Kühlschrank und Vorratskammer noch hergeben, und die Seite spuckt ein passendes Rezept aus.

168

Greif für die Aufbewahrung oder den Transport von Essen zu **Aufbewahrungsbehältern** und verzichte auf Plastiktüten – gut für den Geldbeutel und die Umwelt!

169

Schütte das **Kochwasser** von Nudeln, Kartoffeln & Co. nicht weg – es ist ideal zum **Blumengießen**.

170

Gefrierbeutel, in denen Lebensmittel wie z. B. Brot eingefroren war, können nach gründlichem Waschen mit heißem Spülwasser und anschließendem Trocknen **wiederverwendet** werden.

171

Backpapier kann man bedenkenlos **mehrfach verwenden**. Erst wenn es brüchig wird, hat es seinen Dienst getan

172

Sei sparsam bei der Verwendung von **Küchenrolle** – oft reicht es, wenn du das Blatt halbierst. Oder du kaufst direkt eine Rolle mit **Sparblatt**.

173

Der Kühlschrank ist keine Gefriertruhe! Die **ideale Temperatur** liegt bei 5–7 Grad. Miss mit einem Thermometer die Temperatur im mittleren Fach und stell den Stufenregler entsprechend ein.

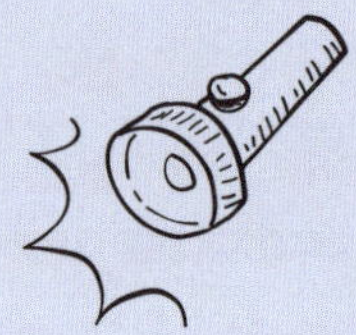

174

Halte die **KÜHLSCHRANK-DICHTUNGEN** sauber, damit er keine kühle Luft verliert. Das senkt den Energieverbrauch deutlich.

175

Ob die **Kühlschranktür dicht** schließt, kannst du ganz leicht überprüfen: Leg eine angeschaltete Taschenlampe in den Kühlschrank, Lichtstrahl Richtung Tür. Schließ die Tür, und mach das Licht in der Küche aus. Wenn du den Schein der Lampe in der dunklen Küche siehst, ist wahrscheinlich die Dichtung kaputt und muss ausgewechselt werden.

176

Öffne die **KÜHLSCHRANK-TÜR** nicht zu lange und verschließe sie bald wieder.

177

Warme Essensreste nicht sofort in den Kühlschrank stellen. Erst **auskühlen lassen.**

178

TAUE den Kühlschrank und den Tiefkühler **REGELMÄSSIG AB.** Denn bereits eine dünne Eisschicht erhöht den Stromverbrauch deutlich.

179

Stelle deinen Kühlschrank **NICHT UNMITTELBAR NEBEN HEIZKÖRPER** oder Geräte, die Wärme abstrahlen.

180

Tiefgekühlte Lebensmittel solltest du nicht nur aus hygienischen Gründen im Kühlschrank **auftauen**: Sie machen sich dort – am Abend vor dem Verzehr bzw. der Weiterverarbeitung aus dem Eisfach geholt – in der Nacht als zusätzliche Kühlakkus nützlich.

EINKAUFEN, SHOPPING & CO.

Ob Lebensmittel, Klamotten, Schuhe oder technische Geräte – gerade beim Einkaufen gibt es jede Menge Sparpotenzial. Schau selbst!

181

Vermeide Spontankäufe und **überlege zumindest einen Tag,** bevor du eine wichtige Kaufentscheidung triffst. Bei größeren Ausgaben überlegst du am besten 30 Tage.

182

Ändere deine Einstellung zum Geld, sieh darin etwas **Positives und Wertvolles.** Viele Menschen bewerten Geld unbewusst negativ und wollen es deshalb schnell wieder loswerden.

183

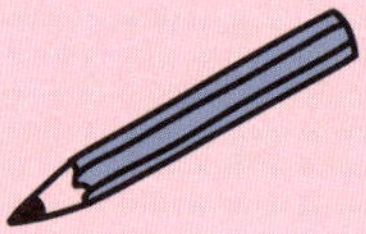

Altmodisch, aber gut: das **HAUSHALTSBUCH** (siehe Anhang). So siehst du auf einen Blick, wo dein Geld hinfließt. Alternativ zu Stift und Papier gibt es auch eine **HAUSHALTSBUCH-APP.**

184

Damit du einen besseren **ÜBERBLICK ÜBER DEINE AUSGABEN** behältst: Teile dir dein Geld auf die einzelnen Tage oder Wochen im Monat auf.

185

Werbung ist dazu da, dich davon zu überzeugen, dass du mehr konsumierst. Bleib standhaft und **kaufe nur das,** was dir einen tatsächlichen **Mehrwert** bietet.

186

Mache dir bewusst, **WIE VIEL ARBEITSZEIT** dich ein Kauf kostet. Wie lange musst du für das Produkt arbeiten? Rechne dazu deinen Stundenlohn aus und vergiss auch die Fahrtzeit nicht. Ist das gewünschte Produkt das tatsächlich wert?

187

Schau in Gebrauchtbörsen und Kleinanzeigen im Internet und in lokalen Zeitungen, da findest du diverse **SCHNÄPPCHEN** – einiges wird sogar kostenlos abgegeben.

188

Durchforste deine Sachen: Was du **NICHT MEHR BRAUCHST,** verkaufst du übers Internet oder **SECONDHANDLÄDEN** – oder du veranstaltest selbst einen kleinen privaten Flohmarkt.

189

Vergleiche, shoppe und informiere dich über **Preisvergleichs- und Auktionsportale:** Denn nur durch den Online-Vergleich bekommst du auch den besten Preis. Das Internet hilft dir auch für ganz bestimmte Produkte und Dienstleistungen einen **schnellen Preisvergleich** durchzuführen.

190

Vergleiche die Angebote und frage nach einem Preisnachlass. **Verhandle immer und überall!** Gute Gründe finden sich schnell und zehn Prozent gehen immer: Das Vergleichsangebot der Konkurrenz ist besser, das Produkt hat kleine Mängel, ...

Gerade für Stammkunden lohnen sich **BONUSKARTEN („STEMPELKARTEN“)** beim Pizzadienst, Café, Restaurant, Bäcker, Friseur, Solarium, Nagelstudio ... Meist ist es dann beim zehnten Mal gratis.

191

192 **GUTSCHEINE UND COUPONS** werden häufig als Werbung verteilt. Brauchst du das beworbene Produkt, dann nutze sie auch.

193 Nutze **2FÜR1-GUTSCHEINBÜCHER** für den Besuch von Erlebnisparks, Restaurants, Veranstaltungen oder für den Urlaub. Die Gutscheine für **RESTAURANTS UND CAFÉS** bieten dir Rabatte auf Speisen und Getränke.

194

Auch **Newsletter** sind eine gute Möglichkeit, Geld zu sparen. Häufig kannst du bereits bei der Anmeldung von **exklusiven Angeboten** profitieren.

195

Aber: Achte auch mal darauf, wie oft dich ein **Newsletter** zum Kauf von Dingen verführt, die du gar nicht brauchst. Wenn das so ist, bestell ihn lieber ab.

196 Werde Produkttester und lass dir **Gratismuster zusenden.** Suche dir einen passenden Produktbereich aus. Seriöse Anbieter findest du im Internet.

197 Nimm ruhig öfter ein kostenloses **PROBEABO** in Anspruch: Viele enden sogar automatisch und häufig gibt es auch Prämien. Ansonsten darfst du nicht versäumen zu kündigen, sonst wird es kostenpflichtig verlängert.

198

Zeit für ein neues Motto: **upcyceln** statt neu kaufen. Auf YouTube gibt es für fast jedes Problem die **passende Do-it-yourself-Anleitung.**

199

Ist die Reparatur etwas komplizierter? Dann findest du die passende Unterstützung in einem **REPAIR-CAFÉ ODER REPARATUR-SHOP.**

200

Repariere auch deine Kleidungsstücke und wirf sie nicht einfach weg. Viele Dinge lassen sich **flicken, nähen oder stopfen.** Halte dazu Nähzeug und Stoffreste aus alten Jeans bereit.

201

Inspiziere jeden **Sperrmüllhaufen,** der dir „über den Weg läuft", und freue dich über die ein oder andere wertvolle Beute.

202

LEIHE DIR DIE DINGE, die du nur einmal oder nur wenige Male brauchst. Teure Werkzeuge oder ein Campingzelt musst du nicht extra kaufen, leihe sie dir einfach aus! Das geht zum Beispiel auch ganz einfach in deinem Baumarkt oder über das Internet.

203

Oder **TEILE DIR DIE DINGE** mit deinen Nachbarn, Bekannten oder Familienmitgliedern. Warum braucht denn jeder seinen eigenen Rasenmäher, Schubkarren oder Spezialwerkzeuge?

204

In vielen großen Städten gibt es sogenannte **Umsonstläden** – vielleicht ja auch in deiner Nähe? Dort kannst du aussortierte Sachen hinbringen, die zu schade zum Wegwerfen sind. Aber auch selbst fündig werden. **Shopping** der anderen Art und absolut **nachhaltig**!

205

Lust auf **neue Klamotten**? Dann lad möglichst viele Freunde ein, jeder bringt mindestens 10 Klamottenteile aus seinem Schrank mit, die er aktuell nicht mehr anzieht. Dann wird munter getauscht! Shopping-Fun für lau!

206

Viele Dinge wie **KLEIDER ODER SPIELZEUG** kannst du dir auch im Internet über verschiedene Plattformen leihen. Das ist vergleichsweise günstig, denn man nutzt die Dinge nur vorübergehend und teilt sich die Kosten.

207

Kaufe möglichst qualitativ hochwertige Produkte, wenn der Preis es zulässt. Die **LEBENSDAUER** ist häufig deutlich höher und du musst das Produkt nicht alle zwei oder drei Jahre neu kaufen.

208

AUSLAUFMODELLE sind immer eine preiswerte Alternative. So kommst du zum Beispiel günstiger an ein neues Smartphone.

209

Schneide oder färbe dir die **Haare selbst** oder macht das untereinander im Freundeskreis oder in der Familie.

210 Viele Friseursalons suchen Models, an denen Auszubildende ihr Handwerk lernen. In dem Fall ist dann dein **Friseurbesuch** günstig oder gar **kostenlos.**

211 Rette Leben und bekomme Geld dafür: Gehe regelmäßig zur **Blutspende** – so erhältst du jedes Mal als Aufwandsentschädigung eine kostenlose Mahlzeit und etwas Geld. Für die Blutplasma- oder Thrombozytenspende gibt es noch mehr.

212 Trage immer eine **Trinkflasche für den Durst** zwischendurch mit dir. Damit vermeidest du den Kauf von teuren Getränken und schonst die Umwelt.

213 Verwende **RUCKSÄCKE, STOFFTASCHEN UND KÖRBE** für deine Einkäufe und bezahle nicht jedes Mal für eine neue Transporttasche. Damit ersparst du dir die Kosten und der Umwelt einen Berg von Müll.

214 Gib dein Geld nicht für deinen Kaffeekonsum aus. Koche dir deinen Kaffee selbst und erspare dir **STATT COFFEE-TO-GO UND CAFÉBESUCH** ein kleines Extra-Vermögen.

215 Ansonsten nimmst du deinen **Kaffee für unterwegs** zumindest im eigenen Thermobecher mit und lässt ihn im Café auffüllen. Dann gibt's oft Rabatt für den eingesparten To-go-Müll.

216 **Kaufe** immer **antizyklisch** ein, also dann, wenn die Nachfrage nach einem Produkt gerade schwach ist: Winterjacke im Sommer, Ventilator im Winter. So kannst du jede Menge sparen!

217

Dein T-Shirt ist **verblasst oder fleckig**? Kein Grund es auszumustern! Durch Färben oder Bleichen wird es wieder wie neu.

218

Der Kauf von Wegwerfwindeln geht ganz schön ins Geld. Günstiger sind auf Dauer **Stoffwindeln** – trotz der Waschkosten.

219

Ein **Kinderwagen** ist sicherlich praktisch – ist aber meist auch der teuerste Teil der Babyausstattung. Schau nach gebrauchten Modellen. Oder: Verwende alternativ eine Tragehilfe oder ein Tragetuch.

220 **Babys und Kleinkinder** benötigen **kein teures Spielzeug**! Alles was sich bewegt, raschelt oder andere Geräusche macht, ist interessant. Lass deiner Kreativität freien Lauf oder such im Internet nach Anregungen.

Nutze die Aktionen der Supermärkte und Discounter für Produkte, die du auch tatsächlich brauchst. Einen aktuellen Überblick über **AKTIONSANGEBOTE** findest du in E-Prospekten, Flyern und Einkaufsprospekt-Portalen. **221**

222

ANGEBOTE DER WOCHE findest du häufig ganz **am Ende des Ladens.** Gehe gezielt dorthin, ohne dich von den vielen anderen Waren verführen zu lassen.

223

Es müssen nicht immer Markenartikel sein: Auch bei Discountern und Fast-Fashion-Ketten gibt's gute **NO-NAME-ARTIKEL** – und zwar deutlich billiger.

224

Im ganzen Land gibt es **Outletcenter und Fabrikverkäufe,** die Mode zu günstigen Preisen anbieten, weil es sich um Vorführmodelle, Secondhandmodelle oder auslaufende Modelle handelt.

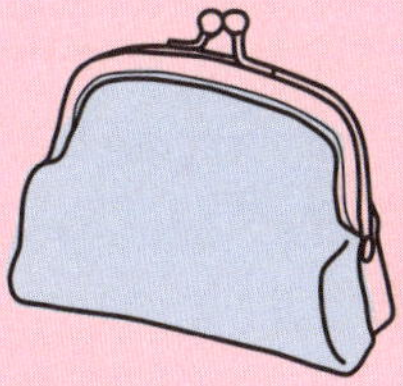

225

Nutze den **Saisonschlussverkauf,** wenn du neue Kleidung günstig shoppen willst.

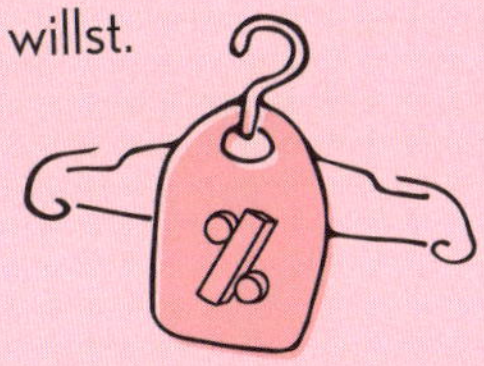

226

Profitiere von zahlreichen Rabattaktionen und exklusiven Angeboten, indem du **Kundenkarten** nutzt.

227

Kaufe und spare mit **PAYBACK**. Dadurch sparst du selbst beim Geldausgeben immer auch etwas ein.

228

Melde dich in Internetportalen kostenlos für **CASHBACK-PROGRAMME** an. Kaufe wie gewohnt online ein und erhalte bei jedem Kauf Geld zurück.

229 Melde dich in **SHOPPING-CLUBS** an. Dort werden Markenartikel stark reduziert als Restposten angeboten.

230 Um die **Lieferkosten zu minimieren,** könnt ihr unter Freunden oder Nachbarn auch gemeinsam online bestellen.

231 Wenn du richtig sparen willst, kaufst du **Klamotten, Elektronik oder Bücher gebraucht.** Dadurch sparst du die Hälfte und mehr. Nutze dafür Auktionsportale.

232 Versuche in Auktionsportalen bei Angeboten mit Sofortkaufoption den **Preis nochmals nachzuverhandeln,** indem du den Anbieter direkt anschreibst. Oftmals hat man Erfolg.

233 Gehe **nicht shoppen,** wenn du **frustriert** bist! Sonst willst du dich womöglich noch „belohnen" und gibst mehr aus als beabsichtigt.

234 **VERMEIDE GROSSE SHOPPING-CENTER.** Dort erhältst du zwar alles auf einmal, aber die Shopping-Versuchung für Dinge, die du gar nicht benötigst, ist einfach sehr groß.

235

Kaufe **WENIGER SCHUHE UND KLAMOTTEN.** Überlege dir, ob du den neusten Sommertrend oder ein drittes Paar Winterstiefel wirklich benötigst.

236

Qualität zahlt sich oft aus: Hochwertige Schuhe sind bequemer und halten länger.

237

Lass dir deine Lieblingsschuhe **neu besohlen,** wenn du sie noch lange trägst. Das ist günstiger als ein Neukauf.

238

Kaufe gebrauchte Kleidung für Kinder und Babys, denn sie passt bereits nach kurzer Zeit nicht mehr. **GEBRAUCHTE KINDERKLEIDUNG** ist zumeist nur selten getragen und in gutem Zustand.

239

Kaufe nur Kleidung, die du auch **WIRKLICH ANZIEHEN** wirst. Häufig werden Kleider gekauft, die einmal oder sogar gar nicht getragen werden.

240

Schaue nach Kleidung, die sich **leicht miteinander kombinieren** lässt. Neutrale Farbtöne und klassische Schnitte sollten dabei 75 Prozent ausmachen. Muster, Trendfarben und ausgefallene Stücke nur 25 Prozent.

241

Nimm dir **Vorlagen aus Zeitschriften oder Handyfotos** zur Inspiration mit. Damit weißt du genau, was du suchst, und kaufst nichts anderes ein.

242

Kaufe auf **FLOHMÄRKTEN** ein: Auch gebrauchte Dinge sind oft schick und passend. Auf Flohmärkten findest du häufig auch gut erhaltene Deko-Artikel und Möbel.

243

Weniger ist häufig mehr: Deine Persönlichkeit misst sich nicht anhand der Intensität von teuren Düften oder des Make-ups. Du kannst auch mit anderen Dingen als mit **kostspieliger Kosmetik** punkten.

244

Vergleiche regelmäßig alle Einkaufsmöglichkeiten deiner Umgebung. Ist dein **Supermarkt wirklich preiswert?** Vergleiche dazu die Preise mehrerer Produkte, die du regelmäßig einkaufst. Entsprechende Apps helfen dabei!

246

Kaufe nur ein, was du später tatsächlich auch **KONSUMIERST.** Wirf also deine Lebensmittel – und damit dein Geld – nicht in den Mülleimer.

245

Kaufe auf **VORRAT** ein, wenn unverderbliche Produkte wie Nudeln, Reis, Mehl oder Konserven deutlich reduziert sind. Hast du ausreichend Lagerplatz, kannst du mit der Zeit einiges an Geld sparen.

247 Häufig werden große Teile des Produktinhalts – etwa bei Zahnpasta, Shampoo oder Milchprodukten – ungenutzt weggeworfen. Nutze also auch Reste, indem du **Tuben zusammenrollst und Verpackungen aufschneidest.**

248 Günstig Einkaufen im Supermarkt heißt **AUGEN AUF NACH SONDERANGEBOTEN:** Schau nach rotleuchtenden Schildern oder heruntergesetzter Ware.

249

Falle nicht auf **VERMEINTLICHE ANGEBOTE** herein. Viele sind weiterhin teurer als ein günstiges Produkt mit dem regulären Preis. Prüfe sie daher kritisch.

250

Viele **EIGENMARKEN** in Supermärkten sind deutlich billiger als die bekannten Premiummarken der Hersteller. Oft unterscheiden sie sich nur in der Verpackung und sind inhaltlich fast identisch.

251

Günstige Produkte findest du in den **unteren Regalfächern** der Supermärkte. Die teureren Markenprodukte werden dagegen meist auf Blickhöhe präsentiert.

252 Die teureren Produkte befinden sich meist in Greifweite der rechten Hand. Günstigere Produkte findest du somit **meist links auf den Regalen.**

253 Schreib dir alles auf eine **EINKAUFSLISTE** und halte dich daran. Damit ersparst du dir den Kauf von Dingen, die die Rechnung unnötig in die Höhe treiben.

254

Überschlage die ungefähren Preise für den Einkauf und nimm nur eine **BESTIMMTE SUMME BARGELD** mit. So hältst du das vorher festgelegte Budget garantiert ein.

255

Schreib auf, was du für die nächsten Tage brauchst oder mache einen **Wochen-Kochplan:** Durchstöbere dann dazu die **Angebote der Supermärkte** und schaue nach Sonderangeboten.

256

Mache lieber einen gut geplanten **Wocheneinkauf** statt viele kleine Einzeleinkäufe über die Woche verteilt.

257 Schau nach, ob du wirklich alle **VERDERBLICHEN LEBENSMITTEL** aufgebraucht hast, bevor du neue einkaufst. Sie sollen ja nicht im Müll landen.

258 Kaufe lieber **mit vollem Magen** Lebensmittel ein: Wer hungrig ist, neigt sonst zum Impulskauf von Lebensmitteln, die schnell den Heißhunger stillen.

259

Für Kleineinkäufe verwendest du besser einen **EINKAUFS-KORB.** Ein großer Einkaufswagen verführt zu Groß-einkäufen.

260

Grundnahrungsmittel wie Nudeln, Kartoffeln und Reis sind sehr günstig und machen dauerhaft satt.

261

Kaufe möglichst Lebensmittel in **GROSSPACKUNGEN** – dann sind sie meist billiger. Aber natürlich nur dann, wenn du die großen Mengen auch wirklich verbrauchst. Reste kannst du meist einfrieren.

262

Vergleiche die **PREISE VON GRUNDNAHRUNGSMITTELN** – sie unterscheiden sich in einigen Fällen deutlich.

263

Kaufe **OBST UND GEMÜSE** möglichst innerhalb der jeweiligen **SAISON.** Nutze dafür Saisonkalender oder das Internet. Außerhalb der Saison liegen die Preise durch den Import deutlich höher.

264

Frisches und saisonales Obst und Gemüse kaufst du am besten **auf dem Markt** oder **direkt beim Bauern** in der Nähe. Durch Konkurrenz und Direktvertrieb sind die Preise bei großen Mengen häufig günstiger.

265

AUSSERHALB DER SAISON sind gefrorene Beeren häufig günstiger als frisches Obst.

266

Kaufe Produkte kurz vor dem **ABLAUFDATUM:** Gerade Milchprodukte werden dann günstiger angeboten. Aber natürlich nur, wenn du wirklich sicher bist, dass du sie auch bald verzehrst.

267

Kaufe besser **AM ABEND VOR LADENSCHLUSS** ein: Viele Produkte wurden dann bereits im Preis herabgesetzt. Gerade beim Bäcker kannst du gern auch direkt nachfragen, ob es einen Rabatt gibt.

268

Achte beim Kauf von Lebensmitteln stets auf die Informationen zum **Preis per Kilogramm oder Liter** und vergleiche die Preisschilder. So siehst du schnell, was günstiger ist.

269

Die Füllmengen bei gleichen Packungsgrößen und Preisen sind oft unterschiedlich. Achte daher vor allem bei **großen Packungen mit wenig Inhalt** auf die Grundpreise per Kilogramm.

270

Trinke mehr Wasser und vermeide Softdrinks: Vor allem das **Trinken von Leitungswasser** kann einiges an Geld einsparen. Leitungswasser ist bei uns das am strengsten kontrollierte Lebensmittel, unschlagbar günstig und auch qualitativ besser als Wasser aus Plastikflaschen.

271 Du willst lieber prickelndes Mineralwasser? Spar dir das Schleppen und einen Teil der Kosten und kaufe dir einen **TRINKWASSER-SPRUDLER.** Zaubere dir im Handumdrehen aus Leitungswasser deinen eigenen Sprudel.

272

Du bevorzugst **Cola oder andere Limonaden?** Dafür gibt es Cola-Sirup und viele andere Geschmacksrichtungen, mit denen du das Wasser aus dem Wassersprudler aufpeppen kannst.

273

Teurer Knabberspaß: Süßigkeiten und Chips sind oft teuer und schaden in großen Mengen auch deiner Gesundheit.

274

ALKOHOL ist doppelt teuer: Spar dir das Geld und bewahre dir auch deine **GESUNDHEIT.**

275

Vermeide Fertiggerichte und bereite dir selbst ein leckeres Essen zu. Das Preis-Leistungs-Verhältnis von **FERTIGGERICHTEN** ist zumeist schlechter.

276 **Portioniertes Obst und vorgeschnittene Salate** sparen zwar Zeit bei der Zubereitung – sind aber meist sündhaft teuer. Greife also lieber **selbst zum Messer.**

EINKAUFEN, SHOPPING & CO.

277

Gutes Fleisch ist ein teures Lebensmittel. Reduziere deinen **Fleischkonsum** und kaufe weniger Fleisch.

278

Vermeide **Impulskäufe** – also zum Beispiel die berühmten Süßigkeiten und Schokoriegel an der Kasse. So was kostet dich auf Dauer viel Geld.

279

Kaufe keine **überteuerten Lebensmittel** an der Tankstelle, am Kiosk oder an Bahnhöfen. Du bekommst alles viel günstiger bei deinem normalen Einkauf.

280

Mit der App **TOO GOOD TO GO** kannst du Lebensmittel von Restaurants und Lebensmittelgeschäften in deiner Region günstig einkaufen, die sonst entsorgt werden müssen.

281

Auf der Plattform **FOODSHARING.DE** werden kostenlose Lebensmittel zum Abholen angeboten: zum Beispiel Produkte von Supermärkten, die sonst entsorgt werden, oder zu viel geerntetes Obst von Gartenbesitzern.

282

Die Preise für Spielkonsolen, Handys oder andere Geräte sind **gebraucht meist deutlich niedriger** als bei Neuwaren. Da lohnt sich der Blick in Aktionsportale und bei gutem Zustand auch der Onlinekauf.

EINKAUFEN, SHOPPING & CO.

283 Kaufe bei Technikprodukten stark reduzierte **B-Ware oder Ausstellungsstücke** – das sind neuste Produkte, die kleine Mängel wie Kratzer am Gehäuse aufweisen oder nicht mehr in der Originalverpackung sind, da die Ware zurückgegeben oder im Laden ausgestellt wurde.

284 Kaufe nur das, was du brauchst und deinen **BEDÜRFNISSEN** entspricht: Meist nutzt du sowieso nicht das gesamte Potenzial eines **TECHNISCHEN GERÄTS, LAPTOPS ODER SMARTPHONES.**

285

Kaufe **qualitativ hochwertige Werkzeuge.** Es macht mehr Freude, damit zu hantieren, und sie halten fast ein Leben lang.

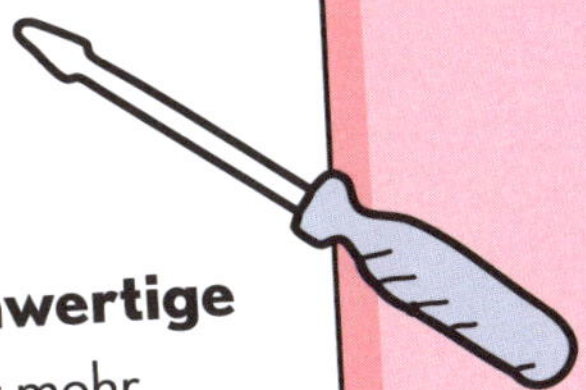

286

Medikamente kannst du in **ONLINE-APOTHEKEN** meist deutlich günstiger kaufen. Auch mit Apps findest du ganz einfach den günstigsten Preis.

287 Statt teurer Originalpräparate tun es bei Medikamenten auch **GENERIKA** – das sind günstigere Mittel mit gleichem Inhaltsstoff.

288 Es muss nicht immer eine neue Brille sein. Lass dir doch einfach **nur neue Brillengläser** in eine alte Fassung einsetzen.

COMPUTER, HANDY & CO.

Telefon, Mobilfunk, Computer, Laptop und TV – lass dich überraschen, wie du auch im Technikbereich kinderleicht bares Geld sparen kannst!

Wechsle zu einem **günstigeren DSL-Tarif.** Mit einem Online-Tarifvergleich findest du schnell heraus, ob du aktuell viel zu viel zahlst. Ohne Zusatzleistungen wie Telefon-Flatrate oder extraschnelles Internet wird es noch günstiger.

289

290

Bezahlst du vielleicht zu viel für deine **monatliche Handyrechnung?** Vergleiche die Tarife der verschiedenen Anbieter und finde das zu dir passende Angebot.

291

Durchs viele Telefonieren kann die **HANDYRECHNUNG** eine Menge Geld kosten. Nutze Gratis-Applikationen wie **WHATSAPP ODER SKYPE** und verbinde dich mit deinen Freunden übers **WLAN UND INTERNET.**

292

Plane und überprüfe dein gebuchtes Datenvolumen regelmäßig. So vermeidest du **TEURE DATENPAKETE.**

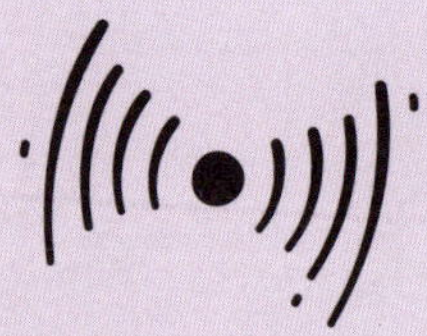

293

Nutze das WLAN, wenn du größere Datenmengen herunterlädst oder Videos ansiehst. Das ist günstiger als dafür das **Datenvolumen des Mobilfunkanbieters** zu verbrauchen.

294

Verwendest du das Festnetzsystem tatsächlich noch? Steige ansonsten komplett aufs Smartphone um – **MOBILE HANDYGERÄTE** sind häufig günstiger und effizienter.

295

Statt Word, Excel und PowerPoint kannst du dir die kostenfreie Alternative **OPENOFFICE** downloaden.

296

Kaufe **Druckerpatronen** von Drittanbietern statt von Marken oder fülle deine Druckerpatronen zu Hause selbst nach.

297

Der **STAND-BY-MODUS** verbraucht in der Zeit, in der du den Computer nicht benutzt, unnötig Strom. Fahre ihn daher vollständig herunter.

298

Bildschirmschoner kosten ebenfalls Energie. Schalte besser den Monitor ganz aus.

299

Bei Computern gern vergessen: Der **Drucker,** der meist unbemerkt im Stand-by-Betrieb ist. Besser eine Mehrfachsteckdose mit eingebautem Ausschalter verwenden und dann auch wirklich ausschalten.

300

Surfst oder arbeitest du eher am Desktop-PC oder mit einem **Laptop**? Falls möglich, solltest du auf Letzteres umstellen. Um eine möglichst lange Akku-Laufzeit zu gewährleisten, brauchen Laptops nämlich viel weniger Energie.

301

Schalte nachts das **WLAN** des Routers aus. Vom Netz nehmen musst du den Router dafür nicht unbedingt: Bei manchen Routern kannst du das WLAN **nachts per Zeitschaltung deaktivieren.**

302

Richte deinen Computer so ein, dass er nach spätestens 15 Minuten Inaktivität in den **Energiesparmodus** oder **Ruhezustand** wechselt. Und wenn du ihn längere Zeit nicht benutzt: ganz abschalten!

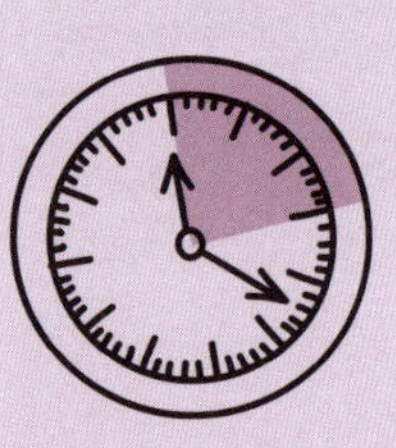

303

Je weniger Dienste und Programme im Hintergrund laufen, desto weniger muss der Prozessor arbeiten und damit Strom verbrauchen. Schaue hierzu beispielsweise in die **Autostart-Einstellungen** und schließe Programme wieder, wenn du sie nicht mehr nutzt oder sie für den laufenden Betrieb nicht notwendig sind.

304

Nicht nur eingeschaltete Geräte mit eigenem Stromstecker, sondern auch solche, die nur über USB mit deinem Rechner verbunden sind, ziehen dauerhaft Strom aus ihren Anschlüssen, auch wenn sie gerade nicht verwendet werden. Deswegen gilt: **Zusatzgeräte** wie Drucker, Scanner, Aktivboxen, Webcam & Co. nur **bei Bedarf einschalten** bzw. einstecken.

305

Bekommst du BAföG, Hartz IV oder eine andere Sozialleistung? Dann kannst du dich unter Umständen von der **Rundfunkgebühr** (GEZ) befreien lassen. Erkundige dich mal!

FREIZEIT & HOBBY

Freizeitspaß – ohne tief in die Tasche greifen zu müssen? Kein Problem! Hier findest du Tipps für Aktivitäten, die (fast) nichts kosten!

306

Tolle Unterhaltung ganz ohne Eintrittsgeld: Ob Kultur, Musik oder Volksfeste – frei zugängliche **GRATISEVENTS** findest du überall in deiner Umgebung!

307

Nutze **KOSTENLOSE FREIZEITAKTIVITÄTEN** wie Spaziergänge in der Natur, Picknick im Park, Badespaß am See oder den Besuch von Spielplätzen oder Wildfreigehegen.

308

Rabatte und Angebote für Kinder, Studierende, Senioren oder Gruppen gibt es überall. In manchen Städten ist der **Besuch von Museen und Galerien** an bestimmten Tagen kostenlos.

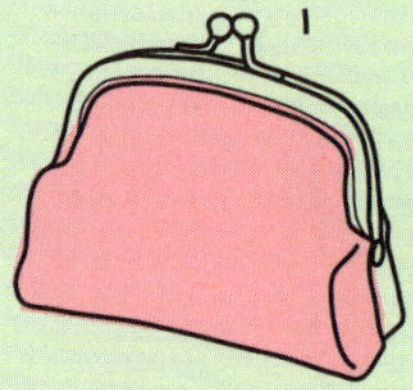

309

Schwimmbäder, Museen, Zoos, Kinos und andere Einrichtungen bieten häufig **Familienkarten oder Familientage** an, an denen der Eintritt vergünstigt oder kostenlos ist.

310

Warum das ganze Jahr über die Abo-Mitgliedschaft im **FITNESSSTUDIO** bezahlen? In der warmen Jahreszeit gibt es viele Sportmöglichkeiten im Freien: die Tischtennisplatte auf dem Spielplatz, Federball im Park, Beachvolleyball am Badesee ...

311

Nutze **Abos, Dauerkarten und Mitgliedschaften** im kulturellen Bereich wie Kino, Museen oder Theater sowie bei sportlichen Aktivitäten wie Sportverein und Fitnessstudio.

312

Online-Fitnessstudios sind viel billiger als normale Fitnessstudios. Weiterer Vorteil: Da du so zeitlich flexibel bist und dir auch die Anfahrt ersparst, wirst du wahrscheinlich sogar häufiger trainieren.

313

Die Mitgliedschaft in einem **Sportverein** ist meist viel günstiger als in einem Fitnessstudio. Warum für ein Riesenangebot zahlen, wenn du eigentlich nur regelmäßig Fitnessgymnastik oder Volleyball machen willst?

314

Fürs **JOGGEN** brauchst du keine Mitgliedschaft und **GYMNASTIK, LIEGESTÜTZE & CO.** kannst du zu Hause machen. Im Netz, bei YouTube und in Ratgebern findest du viele abwechslungsreiche Anregungen.

315

Auch deinen **YOGA-KURS** kannst du einsparen: Auf YouTube findest du viele kostenlose Angebote.

316

Timing ist alles: Nutze entsprechende **ANGEBOTE** wie den **KINOTAG** oder die **HAPPY HOUR.**

317

AUSLEIHEN STATT KAUFEN: Nutze die Büchereien deiner Umgebung für Filme, Musik, Computerspiele und Bücher. Schließlich liest du die meisten Bücher nur einmal, oder?

318 **Lesen** bildet und ist ein **kostengünstiges Hobby.** So eignest du dir ständig neue Informationen an und tust was für deinen Kopf. Für Hörbücher kannst du Audio-Streamingdienste nutzen.

319

Printmagazine und Zeitungen sind oft teuer. Schau nach, ob es eine **DIGITALE VERSION** gibt. Du findest sie auch per Internet oder App günstig bei **READLY.** So hilfst du nicht nur deinem Geldbeutel, sondern auch der Umwelt.

320

Online-Videotheken sind die preisgünstige **Alternative zum Kino:** Selbst ohne Abo zahlst du deutlich weniger als fürs Kino.

321 Kündige nicht genutzte **ABONNEMENTS** oder **NUTZE PREPAID:** Lohnt sich dein Abonnement bei Netflix oder Amazon Prime wirklich, um Filme und Serien zu streamen? Oft kannst du die auch **KOSTENLOS** auf anderen Webseiten anschauen.

322

NETFLIX- UND SPOTIFY-ACCOUNTS lassen sich bei einigen Tarifen auch mit mehreren Leuten im Haushalt teilen. In der Familie oder WG können so Filme, Serien, Musik, Hörbücher und Podcasts gleichzeitig genutzt werden.

Statt der monatlichen Gebühren für einen Kabelanschluss kaufst du besser einmalig eine **SATELLITENSCHÜSSEL MIT RECEIVER.** Das zahlt sich schon nach etwa knapp einem Jahr für dich aus.

323

324

Statt den Fernseher den ganzen Tag laufenzulassen, schaltest du ihn einfach mal ab. Die meiste Zeit läuft ja doch nur Werbung. Senkst du deinen **Fernsehkonsum,** fällt auch die Stromrechnung geringer aus.

325

Besser Finger weg von **Lotterien, Casinos und Glücksspiel.** Natürlich kannst du etwas gewinnen, aber die Wahrscheinlichkeit für einen wirklich zufriedenstellenden Gewinn sind äußerst gering.

326

Du willst gesünder leben und Geld sparen? Vermeide **FAST-FOOD-KETTEN UND LIEFERSERVICE.** Pizza und Pasta kannst du viel günstiger auch selbst machen.

327

Und falls du doch bestellst: **Bestelle direkt beim Anbieter.** Lieferando & Co. lohnen sich oft nur, wenn du einen Gutschein hast.

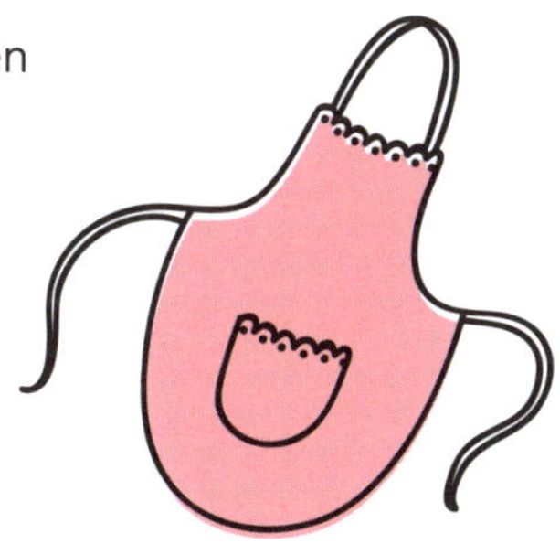

328

Werde zum **HOBBYKOCH** und spare viel Geld: Statt teurer Restaurantbesuche nimmst du dir besser die Zeit und kochst dir dein eigenes Essen.

329

Habt ihr vor zu feiern, dann ladet euch lieber gegenseitig ein, **STATT TEUER AUSZUGEHEN.** Am besten bringt jeder etwas mit, dann macht das noch mehr Spaß.

330

Im Restaurant könnt ihr euch **manche Speisen teilen** – wie den Vorspeiseteller oder ein Dessert. In der Rechnung könnt ihr das dann untereinander aufteilen.

331

Muss es immer teuer sein? Werde kreativ und bastele deine Geschenke selbst, statt sie teuer zu kaufen. **Selbst gebastelte Geschenke** sind sowieso viel persönlicher.

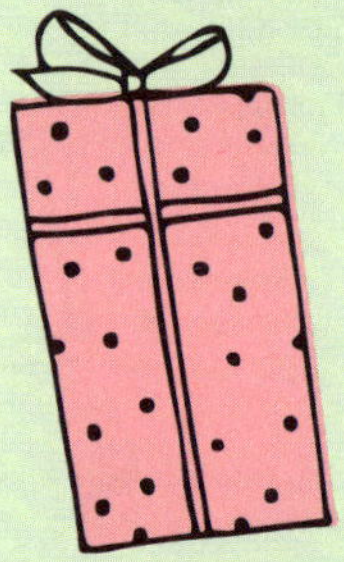

332

Du kannst nicht basteln? Dann backe als Geschenk einen Kuchen oder erstelle **PERSÖNLICHE GUTSCHEINE** fürs Babysitten, Rasenmähen usw.

333

Gib **KEIN GELD FÜR TEURE VERPACKUNGEN** aus. Nutze das, was du bereits hast oder werde selbst kreativ.

334

Zeit und Aufmerksamkeit ist das Wertvollste, was du deinen Kindern schenken kannst: Statt teure Spielwaren zu kaufen, unternimmst du mit ihnen **LIEBER TOLLE FREIZEITAKTIVITÄTEN** wie Abenteuertouren, Sandburgen bauen, Radfahren oder eine Schatzsuche.

335

Besuche Schwimmbäder, Saunas und Fitnessstudios in den Abendstunden – dort gilt oft ein günstigerer **Spättarif**.

336

Organisiere eine Woche mit **Kochabenden** mit deinen Freunden – jeden Abend steht ein anderer am Herd und bekocht die anderen. Motto: **Das perfekte Spar-Diner!** Wer am wenigsten Geld für sein Menü ausgegeben hat, gewinnt.

337

Man muss nicht immer ausgehen! Trommele deine Freunde für einen **Spieleabend** zusammen und spielt mal wieder ein Gesellschaftsspiel.

338

Viele **Symphonieorchester** bieten die Möglichkeit, im Rahmen öffentlicher Proben ihrer wunderschönen Musik kostenlos zu lauschen. Vielleicht gibt es auch in deiner Nähe ein Konzerthaus?

339

Der Urlaub fällt dieses Jahr flach? **Exotik** gibt es auch vor der Haustür! Besuch doch mal einen **Botanischen Garten** – die meisten Gärten sind kostenlos zugänglich.

340

Bowling zu Hause **für lau**! Mit Wasser gefüllte PET-Flaschen als Kegel, einen Ball und einen glatten Untergrund – mehr brauchst du dazu nicht.

341 Die perfekte **Aussicht über die Stadt** gibt es auch kostenlos! Vielleicht erlaubt der Pfarrer einen Besuch des Kirchturms? Oder du gehst im Internet auf die Suche nach kostenlosen Aussichtsplattformen auf Hochhäusern oder Dachterrassen – die gibt es fast in jeder großen Stadt!

342

Du fühlst dich intellektuell unterfordert und möchtest dich **weiterbilden**? Mit kostenlosen Webinaren und Videos kein Problem! Das Internet ist voll davon!

343

Du hast ein Monatsticket? Dann hock dich doch einfach mal in die Straßenbahn oder in den Bus und fahr von der Starthaltestelle bis zur Endhaltestelle oder einfach wild kreuz und quer durch die Stadt. Günstiger geht **Sightseeing** nicht und du entdeckst deine Stadt garantiert noch einmal völlig neu.

344 Keine Knete für Knete? Dann ist **Salzteig** eine super Alternative! Aus Mehl, Salz und Wasser entsteht ruck, zuck eine tolle Modelliermasse – Rezepte und Anleitungen gibt es kostenlos im Internet.

Stromausfall ... aber gewollt! Alle Lichter aus, Kerzen an und es sich zusammen oder alleine im Wohnzimmer auf dem Boden mit Decken und Kissen so richtig gemütlich machen. **345**

346

Fernweh? Dann geh auf **Weltreise im Internet**! Das Web wimmelt nur so vor Reiseberichten: Online-Reisetagebücher, Reiseblogs, Reisedokus ...

347

Du suchst ein **kreatives Hobby**, das nichts kostet? Dann wär vielleicht ein **Chor** etwas für dich – vorausgesetzt du triffst die Töne ... Bestimmt gibt es auch in deiner Stadt einen (offenen) Chor, der dringend auf dich wartet!

348

Ein **Freizeitpark-Besuch** ist ein tolles, aber auch kostspieliges Erlebnis. Super Alternativen sind **Abenteuerspielplätze** oder **Wasserspielplätze**, die meist kostenfrei zugänglich sind.

349

Camping geht auch **zu Hause**! Zelte allein, mit Freunden oder den Kids eine Nacht im eigenen Garten. Wer keinen Garten hat, darf vielleicht bei Freunden, Verwandten oder Nachbarn sein Zelt aufschlagen. Vielleicht geht es auch auf dem Balkon? Oder im Wohnzimmer?

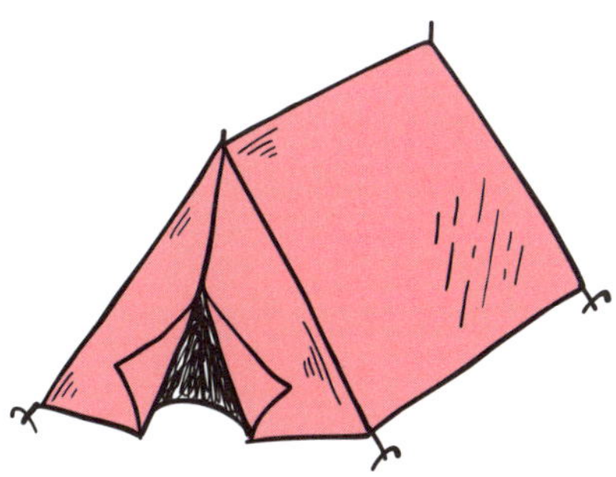

350

Im Internet gibt es **kostenlose Plattformen**, über die du dich mit deinen **Nachbarn** vernetzen kannst. Dort werden auch viele Dinge kostenlos angeboten: Möbel, Klamotten, Pflanzen, Hilfsangebote ...

351

Pack die Badehose ein ... und ab zum nächsten **Badesee**! Gerade Naturseen sind oft kostenlos zugänglich und meist sogar weniger überlaufen als öffentliche Schwimmbäder. Achte aber darauf, ob das Baden dort wirklich erlaubt ist. Und sei besonders vorsichtig, falls es keine Badeaufsicht geben sollte.

352

Ehrenamt statt Langeweile! Egal, ob Hausaufgabenbetreuung, Deutschunterricht für Flüchtlinge, freiwillige Feuerwehr oder Hilfe bei der Tafel – sinnvoller kann man seine Freizeit nicht nutzen und du untestützt andere Menschen beim Sparen!

353

Strandfeeling gibt es nicht nur am Meer. Auch viele Flüsse haben wunderschöne Sandstrände. Also: Picknickkorb füllen, Eimerchen, Förmchen und Sonnencreme einpacken und ab an den Strand!

354

Geh auf Entdeckungstour in der Natur, merke dir die besten „Beerenplätze“ und geh dort zur Erntezeit auf **Beerensuche**! Wer nicht alles gleich vernascht, kann daraus super Marmelade machen.

355

Du rätselst gern? Kostenlose **Rätsel** findest du in Zeitschriften, in Werbeblättern und im Internet!

356

Endlich Schnee? **Rodeln** geht auch ohne Schlitten: auf einem Pappkarton, Müllbeutel, Backblech oder auf der Yoga-Matte ...

357

Wellness zum Schnäppchenpreis! Ein Entspannungsbad bei Kerzenschein, ein belebendes Fußbad, eine Gurkenmaske oder eine Partnermassage sind genauso wohltuend für Geist und Seele wie ein Aufenthalt im teuren Wellness-Tempel.

358

Gebrauchte Bio-Kräuter-**Teebeutel** wegschmeißen? Auf keinen Fall! Gib sie ins heiße Badewasser – so hast du einen pflegenden **Badezusatz** für lau.

359 Hast du einen Garten? Dann baue **GEMÜSE, OBST UND BEEREN** selbst an. Das spart Geld und macht Freude.

360

Für selbst angebautes oder saisonal günstig eingekauftes Obst und Gemüse lohnt sich das **Einfrieren oder Einkochen für den Winter.**

361 Hast du einen Balkon oder ein sonniges Plätzchen? Ein **eigener Kräutergarten** liefert dir frische Kräuter und erspart dir die Kosten für den Kauf im Supermarkt.

362

Mach deinen **Balkon** zum **Selbstversorger-Paradies**! Bastele dir Rankgitter aus Ästen und säh Tomaten, Zucchini, Bohnen & Co. aus. Meditativ, entspannend, Bio ... und lecker!

363

Eine üppige **Blütenpracht** im Garten oder auf dem Balkon gibt es quasi **zum Nulltarif**! Einfach nach der Blütezeit die Samen der Lieblingspflanzen einsammeln, trocken aufbewahren und im Frühjahr wieder aussähen.

364 Gieß deinen Garten oder die Balkonpflanzen **NICHT IN DER PRALLEN SONNE**: In der Früh oder am Abend kann der Boden das Wasser ohne große Verdunstung besser aufnehmen.

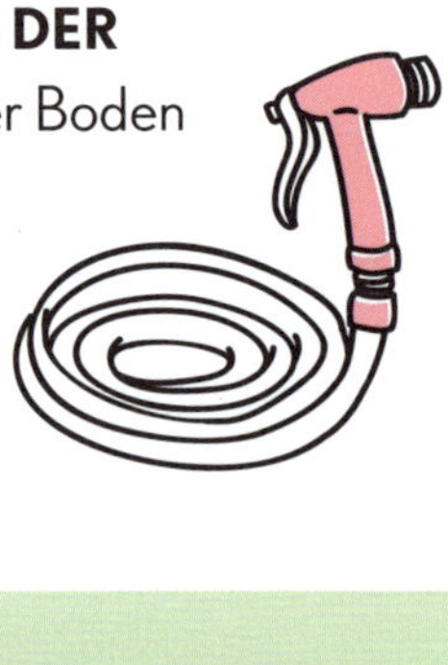

365

Um deinen Garten zu bewässern, verwendest du am besten Regenwasser, das du in einer **REGENTONNE** sammelst. Bei einem größeren Garten lohnt sich sicher auch ein **EIGENER BRUNNEN.**

366

Es ist kein Geheimnis, dass **Kompost** fruchtbaren Boden bringt. Aus Küchenabfällen wie Bananenschalen, Kaffeesatz und Eierschalen kannst du dir aber auch direkt einen wirksamen **Allround-Dünger** herstellen. Einfach mit etwas Wasser in den Mixer geben.

367

Viele Pflanzenschutzmittel kannst du dir sparen, wenn du dafür sorgst, dass sich ausreichend **Nützlinge** in deinem Garten wohlfühlen: Bienen, Schmetterlinge und andere Insekten, Igel, Eidechsen, ja sogar Würmer sorgen dafür, dass das biologische Gleichgewicht gewahrt bleibt. Pflanze also Gewächse, die deine Nützlinge besonders mögen!

368

Unkraut jäten lohnt sich! Das soll wirklich sparen helfen? Ja, denn Unkraut und deine Lieblingspflanzen konkurrieren miteinander um Wasser und Nährstoffe.

369

Boden, der der Sonne ungeschützt ausgesetzt ist, trocknet leicht aus. Deshalb solltest du freie Flächen nach dem Gießen mit **Mulch** abdecken. So bleibt die **Feuchtigkeit** im Boden länger erhalten.

370

PFLANZEN, GARTENSTÜHLE & CO. findest du günstig über Online-Gebrauchtbörsen, beim Discounter oder im Möbelhaus.

371 Du möchtest dir ein **Haustier** zulegen? Dann geh ins **Tierheim**! Dort zahlst du eine Schutzgebühr, die deutlich geringer ist als die Preise bei Züchtern oder im Internet. Und du gibst einer armen Tier-Seele ein neues Zuhause!

372 Trotz Gebührenordnung unterscheiden sich die **Preise** von Tierarzt zu **Tierarzt** – hier lohnt sich auf jeden Fall ein **Kostenvergleich**.

373 **Tierfutter** solltest du nicht in kleinen Mengen, sondern **in großen Säcken/Packungen** kaufen – das ist wesentlich preiswerter. Auf das Verfallsdatum achten!

374 Frag bei einem **Tierfutteranbieter** nach, ob er dir einen **Rabatt** gewährt, wenn du immer regelmäßig bei ihm bestellst.

375 Backe **Leckerli** und **Kekse** für deinen Hund oder deine Katze selber! Das spart Geld und du weißt, was drinsteckt. Rezepte gibt es im Internet.

376 Die **Kosten** für die Anschaffung und den Unterhalt eines **Hundes** sind nicht zu unterschätzen. Vielleicht gibt es in der Nachbarschaft einen Hundebesitzer, der froh wäre, wenn du ihm mal ein **Gassi-Ründchen** abnimmst? So verbringst du Zeit mit einem Hund und schenkst dem Nachbarn Zeit.

377

Wenn du **Tiere** liebst und dir kein eigenes leisten kannst, frag doch mal beim nächsten **Bauernhof** nach, ob es dort nicht Tiere gibt, um die du dich kümmern könntest. Auch **Tierheime** freuen sich über Unterstützung – beim Gassigehen mit den Hunden, Versorgen der Tiere oder Kuscheln mit den Kätzchen.

378

Es muss nicht immer der teure **Zoobesuch** sein! Viele **Wildgehege** und **Streichelzoos** sind kostenlos zugänglich. Und so lernt man auch die heimische Tierwelt besser kennen.

379

Du möchtest etwas für die **Vögelchen** tun? Dafür brauchst du kein Vogelhaus! Bastele einfach eine **Futterstelle** aus einer PET-Flasche. Das geht ruck, zuck, macht Spaß und du brauchst nicht mal eine Handvoll Materialien. Im Internet findest du einfache Anleitungen dazu.

380

In vielen **Wildgehegen** kann man an bestimmten Tagen im Herbst gesammelte Eicheln und Kastanien als **Futter für die Tiere** abgeben. So bist du in der Natur, tust du den Tieren etwas Gutes und kannst gleichzeitig die Haushaltskasse etwas aufbessern.

REISE & URLAUB

Ob bei der Bahn- oder Flugbuchung, bei der Unterkunft oder beim Mietwagen – auch beim Reisen kannst du ordentlich sparen!

381 Erkundige dich im Reisebüro und **VERGLEICHE DIE PREISE** von Hotels, Kreuzfahrten und Flügen auf mehreren Portalen im Internet. Sie können sehr unterschiedlich ausfallen! Schaue aber auch, ob die Leistungen identisch sind.

382 Nutze das **BLIND BOOKING** bei Unterkunftsportalen und Fluggesellschaften: Bei der Buchung gibst du nur eine grobe Region vor – der Veranstalter nimmt dann je nach Preis und Kapazitäten die Auswahl vor.

383 Ist das Reiseziel oder die Pauschalreise für dich klar, nutzt du mit frühzeitiger Buchung den **Frühbucherrabatt.**

384 Hast du kein klares Ziel für deine Urlaubsreise, sparst du deutlich mit **LAST-MINUTE-ANGEBOTEN.**

385 Buchungen von **Privatunterkünften über Onlineportale** sind deutlich günstiger als Hotels oder Pensionen.

386 Oft ist es günstiger, den Urlaub **direkt beim Anbieter zu buchen,** denn Onlineportale, Reiseveranstalter und Reisebüros wollen mit der Buchung Gewinne erwirtschaften.

387

Jugendherbergen und Hostels sind viel besser als ihr Ruf und bieten oft auch Familien- oder Doppelzimmer an.

388

Wie wäre es mit einem **CAMPINGURLAUB?** Campingplätze sind viel günstiger als ein Hotel und bieten teils auch einfache Übernachtungsmöglichkeiten ohne Zelt an.

389

Verzichte auf **TEURE FERNREISEN:** Einen erholsamen Urlaub verbringst du auch in der Nähe. Bestimmt hast du noch nicht alle Orte in Deutschland besucht.

390

Besuche **weniger bekannte Reiseziele** und spare dabei Geld. Mit dem Ersparten kannst du deinen Urlaub sogar gleich verlängern.

391

Du magst den Austausch mit fremden Menschen und Kulturen? Dann ist vielleicht **Couchsurfing** etwas für dich – du lernst neue Menschen kennen und übernachtest meist kostenlos.

392

Über entsprechende **Tauschportale** kannst du für die Urlaubszeit deine Wohnung oder dein Haus mit anderen Tauschwilligen tauschen – so sparst du dir die Kosten für die Übernachtung.

393 Du wohnst in der Nähe einer Stadt, in der größere Messen stattfinden? Dann vermiete deine Wohnung an **Messegäste** und verreise selbst in dieser Zeit – durch die Vermietung finanzierst du dir deinen Urlaub.

394 Achte auf das richtige Timing: Innerhalb der **HAUPTSAISON** und während der **FERIENZEITEN** sind die Unterkünfte meist viel teurer. Außerdem sind viele beliebte Reiseziele überfüllt.

395 Meide das Wochenende: Die Preise für Zugreisen, Flüge und Hotels sind **am Wochenende häufig teurer** als unter der Woche.

396 Sei flexibel bei der **WAHL DES FLUGHAFENS UND DER AIRLINE.** Abflughäfen, die du auch noch halbwegs gut erreichen kannst, könnten schon viel günstiger sein.

397 Falls du beim Reiseziel völlig flexibel bist, kannst du enorm sparen: Mache eine **KOMPLETT OFFENE FLUGSUCHE** und lege dich weder auf ein Reiseziel noch auf den Reisezeitpunkt fest. Auf manchen Portalen findest du so Flüge für nur wenige Euro.

398 Schon gewusst? **Flüge sind morgens oft günstiger** als abends.

399 Billigere Flüge findest du auch oft in Bundesländern, in denen die **Schulferien noch nicht begonnen** haben.

400

Du planst einen **Kurz- oder Mittelstreckenflug**? Dann kannst du unter Umständen mit einem **Gabelflug** ordentlich Geld sparen.

401

Bei **Inlandsflügen** kann es sein, dass der Gesamtflugpreis günstiger ist, wenn du Hin- und **Rückflug separat** buchst.

402 Wenn du die Möglichkeit hast, **fliege montags, dienstags oder mittwochs** – an diesen Tagen sind die Flugpreise meist günstiger.

403

Mit **Fahrgemeinschaften oder Gruppentickets** kannst du beim Bahnfahren ordentlich sparen. Auf entsprechenden Plattformen im Internet findest du Mitfahrer und Mitfahrgelegenheiten.

404

Manche **Angebote und Sonderaktionen** der Bahn sind auf der Bahn-Webseite nur mit viel Spürsinn zu finden. Abonniere den **Newsletter der Bahn** – so steigt die Chance, rechtzeitig davon zu erfahren.

405

Eine **Platzreservierung** kann beim Bahnfahren sinnvoll sein, muss aber nicht immer sein. Achte bei der Online-Buchung darauf, welche voraussichtliche **Auslastung** angegeben ist.

406

Reise mit einem **Nachtzug** – so kommst du quasi im Schlaf ans Ziel und sparst dir eine Übernachtung am Zielort.

407

Für **Familien mit Kindern** kann eine **Bahnreise** sehr günstig sein: Bis zu vier Kinder bis 14 Jahren reisen kostenlos.

408

Vergleiche künftig bei jeder längeren Reise vor der Buchung immer **Fernbus, Bahn, Mitfahrzentrale und Billigflieger.**

409

Vergleiche auch die **Preise von Mietwagen.** Online gebucht kosten Mietwagen meist nur einen Bruchteil von dem, was sie vor Ort kosten.

410

Planst du weite Strecken mit dem Mietwagen, wählst du besser einen **TARIF MIT UNBEGRENZTER KILOMETERZAHL.**

411 Vergleiche **TAGES- UND WOCHENTARIFE:** Einen Mietwagen für eine ganze Woche zu buchen, kann billiger sein – auch wenn man ihn nur fünf Tage fährt.

412 Mietest du den **WAGEN BEREITS AB FLUGHAFEN,** kannst du den Extra-Transfer zum Hotel einsparen. Prüfe also im Voraus deine Optionen sorgfältig.

413

Tanke möglichst nicht direkt an der Autobahn, denn hier drohen Rekordpreise. Günstiger sind **Autohöfe oder Tankstellen an Ausfahrten,** die keine großen Umwege erfordern.

414

Nutze das Angebot von günstigen Wochenend- und Gruppen-Tickets **im öffentlichen Nahverkehr** deiner Urlaubsmetropole.

415 Informiere dich vor deiner Reise bei deiner Bank, ob bei **Geldabhebungen im Ausland** hohe Gebühren anfallen. Oder du nutzt dafür kostenlose Visa-Kreditkarten.

416 Wenn du in Nicht-EU-Ländern am Geldautomaten **Geld abheben** möchtest, wähle die Variante **„ohne Währungsumtausch"** – bei der Umrechnung in Euro fallen Gebühren an.

417

Erkundige dich vor Reiseantritt, ob deine Bank mit **ausländischen Banken kooperiert** – bei diesen Banken ist das Geldabheben oft kostenlos.

418

Tausche schon in Deutschland **GELD FÜR DIE FERNREISE** in deiner Bank um und meide die Wechselstuben an Flughäfen.

419

Tierpensionen kosten viel Geld. Falls du dein Tier nicht mit in den Urlaub nehmen willst, nutzt du besser einen **TIERSITTER.** Den findest du auch über Tiersitterbörsen im Internet.

420

Für Ausflüge und Reisen solltest du grundsätzlich ausreichend **ESSEN UND GETRÄNKE** einpacken. Damit ersparst du dir den Kauf überteuerter Angebote während der Reise.

421

Getränke am Flughafen zu kaufen, ist eine teure Angelegenheit. Nimm einfach eine leere Flasche mit und füll sie nach der Sicherheitskontrolle mit Wasser.

422

Bereite dir im Urlaub das Essen selbst zu: Verfügt dein Ferienapartment über eine Küche, **KOCHST DU SELBST** und vermeidest jeden Tag teure Restaurantbesuche und Imbisse.

423 **SOUVENIRLÄDEN** sind meist teuer. Besuche lieber die lokalen Märkte und finde dort ein schönes Andenken.

424 Mit **Touristen- und Gästekarten** kannst du im Urlaub viel Geld sparen. Check vor der Buchung, ob deine Unterkunft oder der Urlaubsort so etwas anbietet – sonst such dir lieber ein anderes Reiseziel.

425

Rabatte bei Sehenswürdigkeiten, Museen und Stadtrundfahrten: Viele Verkehrsverbünde bieten spezielle **Kombitickets und City-Pässe** an.

426

Nutze bei City-Urlauben **Rabatte und Gratistage beim Besuch von Museen.** Unbedingt vorher informieren!

427 In vielen Großstädten gibt es (fast) **kostenlose Stadtführungen** von engagierten Studenten, Hobby-Historikern oder kommerziellen Anbietern, die Gruppen gegen eine kleine freiwillige Spende durch die Stadt führen.

GELD & VERSICHERUNGEN

Von der richtigen Versicherung über Geldanlagen und Kredite bis hin zum Sparschwein – auch hier sparst du mit kleinen Tricks bares Geld!

428

Sammle nicht wichtige Dokumente lose in einer Schublade: **SCHAFFE ORDNUNG IN DEINEM ABLAGESYSTEM.** Hefte künftig alles nach Themen wie Lohnunterlagen, Steuer, Banken, Versicherungen, Rechnungen usw. ab. So behältst du deine Ausgaben stets im Blick. Das erleichtert dir die Planung.

429

Fange Schritt für Schritt an, **GELD ZU SPAREN UND DIESES AUCH ANZULEGEN.** Auf deinem Girokonto verliert es dank der Inflation doch nur an Wert. Je früher du damit beginnst, umso eher kannst du dir dann eine größere Investition leisten.

430

Achte dabei auf die **Laufzeiten der Geldanlagen,** damit dein Geld nicht über Jahrzehnte gebunden ist und du in einer neuen Lebenssituation nicht darauf zurückgreifen kannst.

431

Möchtest du eine größere Summe **fest anlegen oder monatlich sparen,** empfehlen sich Sparbriefe, Festgelder oder Banksparpläne.

432

Spare nachhaltig und unterstütze ökologische und soziale Projekte: Nutze die Sparanlagen der **NACHHALTIGEN GELDINSTITUTE.**

433

Sichere Geldanlagen wie Tagesgeld, Festgeld oder Sparbrief sind grundsätzlich meist **BESSER FÜR DIE ALTERSVORSORGE GEEIGNET** als Kapitallebens- und private Rentenversicherungen.

434

VORSICHT VOR TRAUMRENDITEN: Hohe Renditen sind immer mit einem hohen Verlustrisiko verbunden.

435

Bausparverträge sind **KEINE GUTEN SPARVERTRÄGE** mehr.

436

Auch für **FINANZDIENSTLEISTUNGEN** gibt es **ONLINE-VERGLEICHSPORTALE,** die die Leistungen miteinander vergleichen. So kannst du in wenigen Augenblicken das beste Angebot finden.

437

Vergleiche deine Ausgaben mit anderen Haushalten: Wie viel gibst du für Urlaub, Freizeit oder Essen aus und liegst du damit vielleicht **über dem Durchschnitt?**

438

Eine gewisse **GELDRESERVE** ist immer gut: Damit vermeidest du, bei einem finanziellen Engpass extra einen Kredit aufnehmen zu müssen. Denn der kostet dich unnötig Zinsen.

439

Als guter Richtwert für ein ausreichendes Geldpolster gelten **ZWEI BIS DREI MONATSGEHÄLTER.**

440

Auch wenn es den meisten unangenehm ist: Wenn du mit deinem Gehalt nicht zufrieden bist, sprich mit deinem Vorgesetzen über eine **Gehaltserhöhung**.

441

Verteile deine Mitgliedsbeiträge und Belastungen fürs Konto **MÖGLICHST GUT ÜBERS JAHR.** So kommt es nicht zu überraschenden finanziellen Engpässen im Budget.

442

Zahle deine Darlehensschulden schnell zurück. So sparst du durch die nicht mehr anfallenden **ZINSKOSTEN.** Hast du ein Darlehen aufgenommen, vergewissere dich, dass du es jederzeit kostenlos zurückzahlen kannst. Oder nutze die **SONDERTILGUNGEN** und senke so die Gesamtkosten des Kredits.

443

Ärgerst du dich über einen teuren Kredit mit hohen Zinsen, den du vor langer Zeit abgeschlossen hast? Dann tausche ihn **mit einer Umschuldung** in einen neuen Kredit um.

444

Spare bei größeren Anschaffungen immer erst den Kaufpreis an, bevor du den Kauf tätigst – so sparst du teure **Kreditzinsen**.

445

Zauberwort **Effektivzins:** Hierin sind alle Nebenkosten enthalten, die du zahlen musst. Kreditangebote lassen sich daher gut über die Höhe des Effektivzinses vergleichen.

446

Begleiche deine Rechnungen stets pünktlich, um **Mahngebühren und Verzugszinsen** zu vermeiden.

447

Vermeide Konsumschulden und **ÜBERZIEHE DEINEN DISPOKREDIT NICHT** – die Zinsen sind der Hammer. Rede lieber mit der Bank, ob nicht ein höherer Dispo drin ist.

448

Bezahlst du **Kontoführungsgebühren** fürs Girokonto? Dann wechsle zu einer Bank, die keine Kontoführungskosten verrechnet.

449

Gleiches gilt für deine Kreditkarte: Zahlst du aktuell Jahresgebühren oder Auslandseinsatzgebühren? Dann solltest du auf eine **GEBÜHRENFREIE KREDITKARTE** wechseln.

450

Melde dich bei deiner Bank zum **ELEKTRONISCHEN BANK-AUSZUG** via E-Mail an. Bankauszüge, die per Post versendet werden, sind oft mit Zusatzkosten verbunden.

451

Besorge dir ein **SPARSCHWEIN** und wirf regelmäßig dein Kleingeld hinein. So sparst du mit der Zeit einiges Geld an, dass du dann gezielt nutzen kannst.

452

Bezahle möglichst nicht mit Karte oder Smartphone. **Barzahlen** hilft dir, deine **Finanzen im Auge** zu behalten. Viele Girokonten und auch einige Kreditkarten bieten Bargeldabhebungen kostenlos an.

453

Verwende die **Umschlagmethode,** um dein Monatsbudget auf die einzelnen Wochen aufzuteilen. Ebenso teilst du jeder Ausgaben-Kategorie ein Budget zu, an das du dich dann auch hältst. Weitere Tipps dazu findest du im Internet.

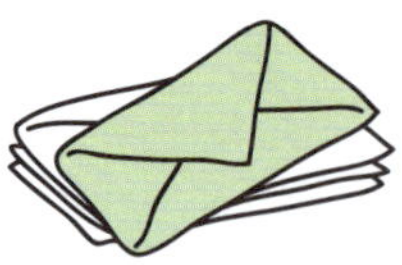

454

Auch mit einigen **APPS** kannst du **GEZIELT SPAREN** und dich motivieren: Das gesparte Geld ist dann weg von deinem normalen Konto und du kommst nicht so leicht dazu, es einfach auszugeben.

455

Ein **RATENKAUF** ist mit Zinsen verbunden. Sie erhöhen die Anschaffungskosten. Überlege dir also genau, ob sich ein Kauf auf Raten für dich auszahlt.

456

Eine **Steuererklärung** lohnt sich auch bei kleinen Einkommen: Selbst bei kleinen Dingen kommt mehr zusammen als du vielleicht denkst.

457

Mithilfe der Steuererklärung kannst du **Ausgaben von der Steuer absetzen** und dir so einen Teil des Geldes zurückholen. Absetzen kannst du zum Beispiel: Fahrtkosten, Verpflegung, Bewerbungskosten, Arbeitszimmer, Handwerkerkosten, Kinderbetreuung.

458

Wusstest du, dass du jegliche **STEUERBERATUNGSKOSTEN ABSETZEN** kannst – egal ob Steuerberater, Buchratgeber, Online-Tool oder Fahrten zum Steuerberater?

459

Auch eine **Hochzeit kann sich finanziell lohnen:** Du kannst Einkommenssteuer sparen, bei der Krankenversicherung erhältst du eine Familienversicherung und bei Versicherungen können spezielle Tarife für Ehepaare genutzt werden.

460

Falls du einen langen **Arbeitsweg** und entsprechend hohe Tankkosten hast, sprich mit deinem Arbeitgeber, ob es nicht die Möglichkeit für (teilweises) **Homeoffice** gibt.

461 Schaut euch in der Familie gemeinsam die **Ausgaben aller Familienmitglieder** an und guckt, ob und wo ihr etwas einsparen könnt.

462 Paare können in einer **gemeinsamen Haftpflichtversicherung** versichert sein. Auch Kinder können mitversichert werden.

463 Wechsle zu einer günstigeren **GESETZLICHEN KRANKENKASSE:** Auch wenn die Leistungen der Krankenkassen recht ähnlich sind – die Beiträge sind oft unterschiedlich.

464 Viele Krankenkassen bieten **BONUSPROGRAMME ODER PRÄMIEN** an und belohnen dich fürs Sporttreiben, bezuschussen deine Smartwatch oder übernehmen Beiträge fürs Fitnessstudio.

465 Verschaffe dir einen Überblick über deine **Versicherungen:** Wetten, dass du bei mindestens einer deiner Versicherungen zu viel zahlst? Welche hast du, was zahlst du und welche brauchst du wirklich? Oder fehlt zum Beispiel eine Berufsunfähigkeitsversicherung? Häufig ist es auch günstiger, wenn du einige gebündelt bei derselben Versicherung abschließt.

GELD & VERSICHERUNGEN

466

Vielleicht bezahlst du zu viel für deine **Lebensversicherung?** Meist schließt man sie irgendwann ab und achtet nicht mehr darauf. Mache einen Vergleichscheck und wechsle zu einer günstigeren Lebensversicherung.

467

Putze deine Zähne regelmäßig. Damit vermeidest du Karies und weitere Zahnprobleme – und ersparst dir **teure Zahnarztbesuche**.

468

Im Normalfall kannst du auf **Nahrungsergänzungsmittel** verzichten: Bei einer ausgewogenen Ernährung erhält dein Körper bereits alle Nährstoffe und Vitamine, die er benötigt.

469

Achte auf deine **Gesundheit** und nutze **Vorsorgeuntersuchungen**. Das erspart dir unter Umständen Krankheiten und viele Kosten.

470

RAUCHEN schadet deiner Gesundheit und deinem Geldbeutel: Treibe lieber Sport und erspare dir die auf Dauer sehr hohen Kosten.

AUTO & VERKEHR

Das Auto ist ein ziemlicher Kostenfresser, aber auch hier gibt es viel Einsparpotenzial. Auch im öffentlichen Nahverkehr kannst du so manchen Euro sparen!

471 Tanke zum **RICHTIGEN ZEITPUNKT:** Kurz vor Ferienbeginn oder Feiertagen wird Kraftstoff meist teurer.

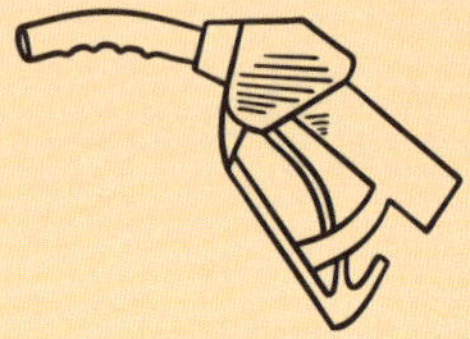

472

Benzin und Diesel sind bei **FREIEN TANKSTELLEN** billiger als bei Marken-Tankstellen.

473

Vergleiche die **Tankstellenpreise** und finde im Netz oder schnell per App die günstigste Tankstelle in deiner Nähe.

474

Günstiges Benzin gibt es oft auch entlang von großen Verkehrsstraßen und rund um Einkaufszentren. Durch die Konkurrenz unterbieten sich die Tankstellen meist im Preis.

475 Zahle an Tankstellen mit **KREDITKARTEN MIT TANKRABATT.** Du bekommst den Tankrabatt an jeder Tankstelle – egal welche Marke.

476 Berechnungen des ADAC ergeben: Mit einem **E-MOTOR** fährst du alles in allem am günstigsten.

477

Prüfe häufiger den **Druck deiner Reifen** (und zwar wenn sie kalt sind), denn schon ein etwas zu geringer Reifendruck erhöht den Verbrauch deines Wagens deutlich. Außerdem verschleißen die Reifen schneller.

478

Dein Auto ist kein Lager: Je schwerer die **Zuladung,** desto höher der **Sprit- oder Stromverbrauch.**

479

Reinige den **LUFTFILTER** deines Autos regelmäßig. Denn ist er verschmutzt, erhält der Motor weniger Luft. Das Resultat ist eine sinkende Leistung und die Spritkosten erhöhen sich.

480

Fahre umweltschonend und entlaste deine Spritrechnung. Durch hohe Geschwindigkeiten, häufiges Beschleunigen und Abbremsen verbrauchst du mehr Kraftstoff als bei **KONSTANTEN GESCHWINDIGKEITEN.**

481

Vor allem beim Benziner: Fahr mit möglichst **geringer Drehzahl** und schalte den Gang früh hoch – das **spart Sprit!**

482

Alles, was Strom verbraucht, wirkt sich negativ auf den Kraftstoffverbrauch aus. Schalte also gern auch mal die **KLIMAANLAGE IM AUTO AUS** und öffne lieber das Fenster.

483 Wenn eine rote Ampel naht, lässt du dein Auto lieber **ausrollen,** statt erst weiter Gas zu geben und dann zu bremsen.

484 Sei sparsam und ökologisch und **vermeide Kurzfahrten:** Lege lieber mehrere Besorgungen zusammen.

485 Fahre, wann immer es geht, mit dem **FAHRRAD ODER GEHE ZU FUSS.** Das ist nicht nur kostenlos, es hält auch noch fit.

486 Du kommst auch ohne teures **Navigationssystem** ans Ziel. Besorg dir eine geeignete Handyhalterung fürs Auto und nutze **Google Maps**.

487 Überlege auch grundsätzlich, ob du dein Auto nicht besser verkaufen solltest. Rechne Benzin, Versicherung, Reparaturen, Reinigung und Parkkosten aus. Bei seltener Nutzung sind **CARSHARING-ANGEBOTE** viel attraktiver.

488 Gründe **Fahrgemeinschaften** zur Arbeit oder wechsle dich mit der Autofahrt zum Reitunterricht oder Fußballtraining ab!

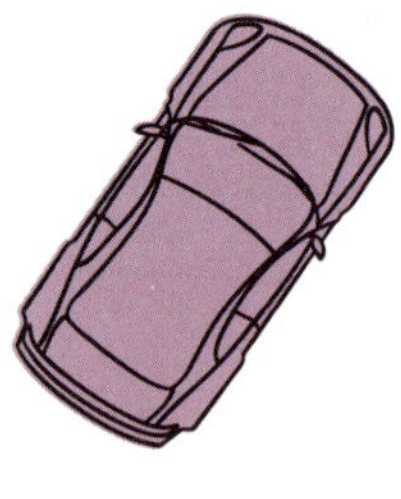

489 Nutze **Mitfahrgelegenheiten** oder biete sie an: Durch Onlineportale können sich Fahrer mit freien Plätzen mit Reisenden vernetzen. Fährst du am Freitag von München nach Hamburg, kannst du so **Reisende mitnehmen** und die Kosten für den Sprit teilen.

490

Eine **regelmäßige Wartung** deines Fahrzeugs verlängert seine Lebensdauer und erspart dir meist teurere Reparaturen.

491

Suche dir eine gute **Reparaturwerkstatt.** Oft sind sie bei gleicher Leistung deutlich günstiger als die Vertragswerkstatt deiner Automarke.

492 Kaufe **Ersatzteile auf Schrottplätzen:** Häufig findest du hier passende Ersatzteile zu günstigen Preisen.

493

Informiere dich bei deiner **Kfz-Versicherung:** Vielleicht gilt für dich ein günstigerer Rabatt, weil du schon lange unfallfrei fährst, eine Garage hast, ...

494

Vergleiche über ein Vergleichsportal die **UNTERSCHIEDLICHEN ANGEBOTE UND PREISE** von Kfz-Versicherungen. So findest du das für dich passende Angebot und kannst eine Menge Geld sparen.

495

Verzichte auf ein **TEURES PEDELEC ODER E-BIKE** und fahre weiter Fahrrad.

496

Nutze die günstigen **SPARPREISE DER BAHN,** indem du frühzeitig bis sechs Monate vorab buchst.

497

Als Berufspendler oder Vielfahrer sparst du mit der **BAHNCARD 25 UND 50:** 25 bzw. 50 Prozent Rabatt auf alle Tickets und Sparangebote.

498

Verwende für öffentliche Verkehrsmittel **günstigere Monatskarten oder Jahreskarten,** wenn du sie regelmäßig nutzt, und vermeide teure Einzelfahrkarten.

499

Nutze **günstige Gruppenkarten** für gemeinsame Fahrten und Ausflüge in Bus und Bahn.

500

Handytickets sind in vielen Verkehrsverbünden etwas günstiger als normale Fahrkarten.

ANHANG

HAUSHALTS BUCH

Wo ist denn nur das Geld geblieben?
Mit einem Haushaltsbuch hast du endlich alles im Blick. Kopiere dir einfach die Vorlagen und leg los!

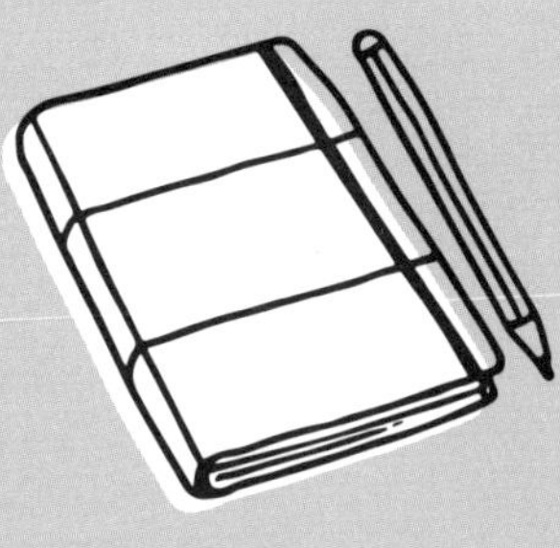

SPARSAM HAUSHALTEN - SO GEHT'S!

Vielleicht geht es dir von Zeit zu Zeit ja genauso: Der Monat ist noch nicht um, und schon herrscht Ebbe auf dem Konto. Wo ist das Geld geblieben? Ein Haushaltsbuch hilft dir dabei, dir einen besseren Überblick über deine Finanzen zu verschaffen und Einsparpotenziale aufzuspüren. Nimm dir die Zeit, zunächst einmal eine **Bestandsaufnahme** zu machen. Hierzu dienen die Tabellen auf den Seiten 118–123.

KONTENÜBERSICHT

Wie viele Konten hast du, dein Haushalt oder deine Familie? Liste alle Konten in der Kontenübersicht (S. 118) auf (Girokonten, Festgeldkonten, Sparbücher). Trage auch den Freibetrag (FSA) ein, der für jede Bank erteilt wurde.

LASTSCHRIFTEN & DAUERAUFTRÄGE

Verschaffe dir einen Überblick darüber, welche SEPA-Lastschriftmandate erteilt und welche Daueraufträge eingerichtet wurden und liste alles auf (S. 119). Schaue dir dazu am besten einmal die Kontoauszüge des letzten Jahres an.

VERSICHERUNGEN

Welche Versicherungen wurden bei welchem Versicherer abgeschlossen? Welches Haushalts- oder Familienmitglied ist versichert? Wie viel muss wann gezahlt werden? Notiere alles in der Tabelle auf S. 120.

EINNAHMEN & FESTE AUSGABEN

Verschaffe dir einen Überblick, welche Einnahmen du jeden Monat hast (S. 122). Dazu zählen Lohn, Gehalt, Rente, Haushaltsgeld, Mieteinnahmen, Kindergeld, Zuschüsse von Verwandten etc. Danach erstellst du dir einen Überblick, welche festen Ausgaben pro Monat im Jahr bestehen (S. 122). Dazu zählen Miete, Kosten für Strom, Wasser, Heizung, Steuern, Telefon, Handy, Versicherungen, Vorsorge, Anlagen, Rundfunkgebühren, Internet etc. Jährliche Zahlungen rechnest du am besten auf den Monat um. Muster-Tabellen für die Erfassung der Ein- und Ausgaben findest du auf S. 121.

Die Differenz zwischen den Einnahmen und den festen Ausgaben ist das Budget, das du für variable Ausgaben (Lebensmittel, Tanken etc.) zur Verfügung hast.

VARIABLE AUSGABEN

Danach ist Disziplin gefragt. Sammle alle **Belege** bei allen Kaufvorgängen und liste alle Ausgaben eines Monats penibel auf (S. 126/127) – wie das geht, siehst du auf S. 124/125. Nimm dir möglichst täglich kurz Zeit, die Ausgaben des Tages einzutragen. Wenn du die Belege lange sammelst, besteht die Gefahr, dass du später keine Lust mehr hast, dich durch die Belege zu wühlen.

Empfehlenswert ist auch, zu notieren, welche **Zahlungsmethode** gewählt wurde. Wurde bar, mit Girocard oder Kreditkarte gezahlt oder war es eine Überweisung?

Nützlich ist es auch, die Ausgaben in **Kategorien** (Kleidung, Hobby, Bildung, Geschenke etc.) einzuteilen. Unter der Tabelle findest du Abkürzungsvorschläge. Du kannst natürlich auch deine eigenen Kategorien wählen. Anhand der Kategorien kannst du später schneller entscheiden, welche Ausgaben vielleicht zu hoch sind und wo du sparen könntest. Eines gilt überall: Schummeln gilt nicht!

JAHRESÜBERSICHT

Trage alle Ein- und Ausgaben in die **Jahresübersicht** auf S. 128 ein und errechne so, ob das Budget überschritten wurde oder nicht. Wurde am Ende eines Monats ein Überschuss erwirtschaftet, kannst du den Betrag dem folgenden Monat zurechnen oder sparen. Wurde das Budget überschritten, musst du den Betrag vom Budget des folgenden Monats abziehen.

LOS GEHT'S!

KONTENÜBERSICHT

Kontoart	Bank	IBAN	Freistellungsauftrag	Kontoführungsgebühr

LASTSCHRIFTEN & DAUERAUFTRÄGE

Ausgabenart	Empfänger	von Konto	Bank	Betrag
			Summe	

VERSICHERUNGEN

Versicherungsart	Versicherer	Versicherter	fällig am/ jährlich/ pro Quartal/ monatlich	Betrag
			Summe	

BEISPIEL-TABELLE: EINNAHMEN

Einnahmen sind alle Gehälter und Zuzahlungen (netto), staatlichen Zahlungen, Einnahmen aus Mieten, Zinsen etc.

Einnahmen	Januar	Februar	März	April	Mai	Juni
Lohn (Marc)	2.000,–	2.000,–	2.000,–	2.000,–	2.000,–	2.000,–
Gehalt (Charlotte)	2.000,–	2.000,–	2.000,–	2.000,–	2.000,–	2.000,–
Kindergeld	219,–	219,–	219,–	219,–	219,–	219,–
Zuschuss Opa	100,–	100,–	100,–	100,–	100,–	100,–
Zinsen	50,–					
Steuerrückerstattung						500,–
Urlaubsgeld (Marc)						750,–
Einnahmen gesamt	4.369,–	4.319,–	4.319,–	4.319,–	4.319,–	5.569,–

BEISPIEL-TABELLE: FESTE AUSGABEN

Feste Ausgaben sind z. B. Miete, Strom, Wasser, Heizung, Steuer, Telefon, Handy, Versicherungen, Vorsorge, Anlagen, Rundfunkgebühren, Internet, Beiträge, Abos etc.

Feste Ausgaben	Januar	Februar	März	April	Mai	Juni
Miete	800,–	800,–	800,–	800,–	800,–	800,–
Strom	100,–	100,–	100,–	100,–	100,–	100,–
Wasser	50,–	50,–	50,–	50,–	50,–	50,–
Heizung	150,–	150,–	150,–	150,–	150,–	150,–
Fitnessstudio	75,–	75,–	75,–	75,–	75,–	75,–
Vereinsbeitrag	50,–					
Zeitungs-App	5,–	5,–	5,–	5,–	5,–	5,–
Feste Ausgaben gesamt	1.230,–	1.180,–	1.180,–	1.180,–	1.180,–	1.180,–

EINNAHMEN

Einnahmen	Januar	Februar	März	April	Mai	Juni
Einnahmen gesamt						

FESTE AUSGABEN

Feste Ausgaben	Januar	Februar	März	April	Mai	Juni
Feste Ausgaben gesamt						
Einnahmen *minus* feste Ausgaben = Betrag für variable Ausgaben						

Juli	August	September	Oktober	November	Dezember	gesamt

Juli	August	September	Oktober	November	Dezember	gesamt

BEISPIEL-TABELLE: VARIABLE AUSGABEN

für Monat Januar

Datum	ausgegeben für	Art	gezahlt mit	€	ct
2.1.	Brot	L	b	6	50
3.1.	Geschenk Maya	G	ec	24	99
3.1.	Tanken	F	K1	60	33
4.1.	Schuhe	K	K2	99	90
6.1.	Tanken	F	K2	56	33
6.1.	Essen gehen	H	b	75	0
8.1.	Brötchen	L	b	2	50
15.1.	Supermarkt	L	ec	132	75
15.1.	Tanken	F	K2	60	34
15.1.	Zeitung	U	b	1	50
16.1.	Küchenmaschine	E	ec	99	99
16.1.	Badminton	H	b	15	0
16.1.	Kino	U	b	20	0
19.1.	Inspektion	A	ec	650	55
19.1.	Geschenk Nils	G	b	9	99
19.1.	Brot	L	b	7	43
19.1.	Café	L	b	5	50
20.1.	Drogerie	KÖ	K1	30	54
22.1.	Hose Nils	K	K1	39	95
23.1.	Hose Maya	K	K1	59	95
24.1.	Tanken	F	K2	66	67
			Summe	1525	71

gezahlt mit: ec = EC-Karte • G = Geldkarte • K1 = Kreditkarte 1 • K2 = Kreditkarte 2 • Ü = Überweisung • b = bar

Art: L = Lebensmittel • KÖ = Körperpflege • K = Kleidung • A = Auto • F = Fahrtkosten • H = Hobby • B = Bildung • E = Einrichtung • G = Geschenke • U = Unterhaltung

Datum	ausgegeben für	Art	gezahlt mit	€	ct
			Übertrag	1525	71
25.1.	Supermarkt	L	ec	53	60
26.1.	Frisör	KÖ	b	35	0
31.1.	Apotheke	KÖ	ec	20	35
			Summe	1634	66

VARIABLE AUSGABEN

für Monat ______________________

Datum	ausgegeben für	Art	gezahlt mit	€	ct
			Summe		

gezahlt mit: ec = EC-Karte • G = Geldkarte • K1 = Kreditkarte 1 • K2 = Kreditkarte 2 • Ü = Überweisung • b = bar

Art: L = Lebensmittel • KÖ = Körperpflege • K = Kleidung • A = Auto • F = Fahrtkosten • H = Hobby • B = Bildung • E = Einrichtung • G = Geschenke • U = Unterhaltung

Datum	ausgegeben für	Art	gezahlt mit	€	ct
			Übertrag		
			Summe		

JAHRESÜBERSICHT

für das Jahr ____________

Monat	Einnahmen	Feste Ausgaben	Variable Ausgaben	Betrag

RECHENWEG:

	Einnahmen
minus	**feste Ausgaben**
minus	**variable Ausgaben**
=	**Saldo -/+**